Elisa Klapheck
Stephan J. Kramer
Hannes Stein

MACHLOKET · STREITSCHRIFTEN

Bürgerschaftliches politisches Engagement als jüdische Praxis

INHALT

AUFTAKT
Die politische Tradition des Judentums

Man ahnt um die politische Tradition des Judentums. Und doch weiß man kaum, wie man sich zu ihr bekennen könnte. Das moderne freiheitliche und demokratische Denken ist in jedem Fall auch eine Errungenschaft der jüdisch-politischen Tradition. Und doch würden nichtjüdische Politiker, aber auch viele der in politischen Parteien aktiven Juden sich zieren, ihr gesellschaftspolitisches Engagement als spezifisch „jüdisch" zu labeln. Immerhin verweist heute die Sozialdemokratie mit einigem Stolz darauf, dass unter ihren Gründern zahlreiche Juden waren. Ein in der SPD aktiver Arbeitskreis jüdischer Sozialdemokratinnen und Sozialdemokraten untermauert die unüberschätzbare politische Schnittmenge von Judentum und Sozialdemokratie. Trotzdem vermag das Bewusstsein dafür, dass der sozialdemokratische Gedanke an sich auf der politischen Tradition des Judentums fußt, nur ganz verhalten in der SPD zu greifen. Ähnlich schwierig, wenn auch ideengeschichtlich anders gelagert, verhält es sich mit dem jüdischen Erbe der Christdemokratie. Trotz des „C" im Parteinamen fällt zwar auf, dass die CDU jüdische Mitglieder hat, ebenso wie eine signifikante jüdische Wählerschaft, was gewiss nicht nur daran liegt, dass man bei ihr weniger anti-israelische Ressentiments vermutet als bei den „linkeren" Parteien. Es liegt durchaus am Bekenntnis vieler CDU-Politiker zur „christlich-jüdischen Tradition" Europas und einer damit verbundenen Anerkennung der jüdischen Religion als gleichwertiger Quelle abendländischer Werte. Trotzdem wird kaum jemand sagen können, worin der jüdische Anteil an der christlich-jüdischen Tradition genau besteht – und ob dieser Anteil nicht auch eine Umkehr der Attribute in

„jüdisch-christliche" Tradition, zumindest zur Erhellung des spezifisch jüdischen Beitrags für die Demokratie-Geschichte in christlich geprägten Gesellschaften rechtfertigt.

Der zweite Band von MACHLOKET | STREITSCHRIFTEN will einen Anfang machen, die viel zu große Wissenslücke in Bezug auf die politische Tradition des Judentums mit Inhalten zu füllen. Zugleich soll damit ein Forum eröffnet werden, um den jüdischen Anteil an den demokratischen und rechtsstaatlichen Fundamenten unserer Gesellschaft erneut zu erschließen, vielleicht sogar weiterzudenken.

In den USA haben Jacob Neusner und Michael Walzer damit bereits in den 1980-er Jahren begonnen; in Israel war es Daniel J. Elazar. Sie legten politologische Fundamente für die Analyse der Hebräischen Bibel und des rabbinischen Schrifttums, vor allem dem Talmud, indem sie hinter schönen Idealen wie Freiheit, soziale Gerechtigkeit, Solidarität, etc. die konkreten politischen Bedingungen für deren Verwirklichung beleuchteten. Dies taten sie nicht *gegen* die Religion, sondern *aus* der Religion.

Gemessen an der Hebräischen Bibel und dem rabbinischen Schrifttum zeigt sich die politische Tradition des Judentums reserviert gegenüber der institutionalisierten Macht – selbst dann, wenn Juden die Mehrheitsbevölkerung stellen. In der Bibel nahmen Propheten wie Amos oder Jesaja eine kritische Stellung gegenüber den israelitischen Königen ein. Im Talmud gaben die Rabbinen den Hasmonäer-Königen eine Mitschuld am Verlust des Tempels und der Vertreibung der Juden aus ihrem Land. Anstelle eines Königstaates entfalteten die Rabbinen Vorstellungen von einem bürgerschaftlichen Gemeinwesen mit einer maximalen Verantwortung Aller für das Ganze. Über die Pflicht zu bürgerschaftlicher Verantwortung heißt es im Talmud:

„Wer gegen die Fehltat seines Hausangehörigen nicht einschreitet, wird für die Fehltat seines Hausangehörigen verantwortlich gemacht. Wer gegen die Fehltat der Stadtregierung nicht einschreitet, wird für die Fehltat der Stadtregierung verantwortlich gemacht; und bei einer Fehltat von globaler Auswirkung ist man für die Fehltat von globaler Auswirkung verantwortlich." (BT *Schabbat* 54b-55a)

Allein an diesem Zitat zeigt sich, dass die jüdische Tradition – zumindest in ihrem politischen Gehalt – nicht partikularistisch, das heißt nicht nur auf sich selbst bezogen ist, sondern eine Mitverantwortung Aller sogar bei globalen Anliegen (*chol ha'olam*) sieht. Die aus dem babylonischen Talmud stammende Textstelle spiegelt ein Selbstverständnis in einer größeren Welt wider, in der alle von allen abhängig sind.

Sicherlich hat der Umstand, dass Juden als kleine Gemeinschaften in der Diaspora lebten, eine politische Kultur befördert, die vor allem das Gemeinwesen und weniger den Staat im Blick hatte. Aber damit ist längst nicht alles gesagt. Die Rabbinen hatten durchaus die Vorstellung, dereinst wieder in einem eigenen Staat zu leben. Das legen ihre Auseinandersetzungen mit den beschränkenden Bestimmungen für den König nahe. Gerade der Diskurs, ob und wann der König dieses zukünftigen Staates in den Krieg ziehen dürfe, zeigt aber zugleich die Distanz der Rabbinen zur Königsmacht.

„Er [der König] kann zu einem persönlich motivierten Krieg nur mit Zustimmung des Obersten Gerichtshofes ausziehen (*milchemet hareschut*)." (BT *Sanhedrin* 20b)

„Wann gilt dies? Bei einem persönlich motivierten Krieg. Aber bei einem Verteidigungskrieg (*milchemet mizwa*) zieht ein jeder aus, sogar der Bräutigam aus seinem Zimmer und die Braut aus ihrem Brautgemach." (M *Sota* 8,7)"

Aus diesen Bestimmungen spricht einerseits die Vorstellung von einem Staat mit einem König, zugleich aber auch eine grundsätzliche Distanz der Rabbinen zur institutionalisierten Macht dieses Königs. Seine Kriegsabsichten können nur vom Oberstehen Gerichtshof legitimiert werden – ähnlich wie in der heutigen Demokratie erst das Parlament über den Eintritt in einen Krieg abstimmen muss. Ähnlich sahen die Rabbinen auch den Verteidigungskrieg nicht als die Angelegenheit des Königs, sondern als die Angelegenheit aller Bürger und ganz explizit auch der Bürgerinnen.

Das Spannende an der talmudisch-politischen Diskussion ist, dass sie politische Lehren aus den verlorenen Aufständen gegen das Römische Reich gezogen hat. Den Heroismus der Makkabäer und den politischen Messianismus der Bar-Kochba-Anhänger gaben die talmudischen Rabbinen auf und ließen sich stattdessen auf die politischen Möglichkeiten eines jüdischen Lebens als Minderheit in einer Mehrheitsgesellschaft ein. So gut wie durchgängig nahmen sie eine reservierte Einstellung zum Staat ein. Darin spiegelt sich natürlich die jüdische Erfahrung als Minderheit unter der römischen beziehungsweise babylonisch–persischen Hegemonie. Deswegen ist der Talmud aber nicht grundsätzlich *anti-staatlich*. Er setzt den Staat beziehungsweise das Vorhandensein einer Staatsmacht voraus, ebenso wie einer politischen Führung innerhalb der jüdischen Gemeinschaft. Letztere übte ebenfalls die Rolle einer säkularen, institutionalisierten Macht aus. Zwar hofften die Rabbinen grundsätzlich auf die Abschaffung der politischen Macht durch die Ankunft des Messias am Ende der Tage. Für die Zeit bis dahin entfalteten sie jedoch Sichtweisen für ein kritisch-konstruktives Verhältnis zur bestehenden politischen Macht.

Der im 1. Jahrhundert lebende, für die jüdische Gemeinschaft autoritative Rabbiner Gamliel sagte einerseits in den *Sprüchen der Väter:*

„Seid vorsichtig im Umgang mit den Machthabern, da sie nur im eigenen Interesse den Leuten näherkommen; sie zeigen sich freundlich, wenn sie profitieren wollen, doch stehen sie dem Menschen in der Not nicht bei" (*Pirke Awot* 2,3),

Wer aber die richtigen Motive mitbringt, solle sich bürgerschaftlich engagieren:

„Alle, die sich mit Gemeindeangelegenheiten befassen, sollen es für den Himmel tun, ihnen wird das Verdienst der Erzväter und deren Gerechtigkeit immer beistehen." (ebd. 2,2)

In den beiden Zitaten liegt eine fruchtbare Ambivalenz zwischen einer sowohl anti-politischen als auch pro-politischen Einstellung. Es kommt darauf an, was man unter „politisch" versteht. „Für den Himmel" meint die Werte der Religion. Politisch gesehen liefen sie in der jüdischen Geschichte auf die Bildung der „Gemeinschaft" hinaus. Ins Säkulare übertragen wurde die Gemeinschaft zur Gemeinde („Alle die sich mit Gemeindangelegenheiten befassen…"), wenn nicht sogar zum politischen Gemeinwesen. Gemeinschaftswerte wie etwa sozialer Zusammenhalt, eine gemeinsam gelebte Moral, gegenseitiges Vertrauen und Sicherheit sowie Solidarität, galten daher als von Gott her begründet, aber durch Politik zu verwirklichen.

Sich auf diese Weise „für den Himmel" zu engagieren, braucht nicht zwangsläufig in einen theokratischen Gottesstaat zu münden – gerade dann nicht, wenn die Gemeinschaft nicht mit dem Staat beziehungsweise der institutionalisierten Macht identisch – sondern sich bestenfalls als ihr kritisches Korrektiv versteht. Solange die eine Seite nicht von der anderen absorbiert wird, also beide nicht identisch sein müssen, besteht die Möglichkeit einer kritisch-konstruktiven Spannung. Auf diese Weise können Gemeinschaftswerte auch heute zu einer mitbegründenden Kraft demokratischer Kultur werden – gerade dann, wenn sie bürgerschaftliches Engagement und gleiche politische Teilhabe am Gemeinwesen pflegen.

In der politischen Tradition des Judentums begründen sich die Gemeinschaftswerte ursprünglich im Religiösen – in der Beziehung zwischen Gott und den Menschen, vor allem in den Bünden, die Gott mit den Menschen und gerade im Bund, den Gott mit dem Volk Israel geschlossen hat. Der Bund verhielt sich von Anfang kritisch zu den weltlichen Königtümern – aber nicht grundsätzlich ablehnend. In der politischen Geschichte der Juden transformierte sich der Bund in die Bildung von Gemeinden. So lebte die biblische „Bundesgesellschaft" mit der Betonung auf bürgerschaftlichem Engagement in der jüdischen Diaspora fort. Im Talmud galt das im 3. Jahrhundert von dem Rechtsgelehrten Samuel ausgesprochene Diktum *Dina deMalchuta Dina* – „Das Gesetz des Staates ist das Gesetz", das heißt auch für die Juden (*BT Nedarim* 28a, *Gittin* 10b, *BK* 113a, *BB* 54b/55a). Trotzdem sahen die talmudischen Rabbinen im Bund Gottes mit dem jüdischen Volk eine eigene Rechtsquelle. In der konstruktiv-kritischen Spannung zum Staat beanspruchten sie nicht, sich über die Gesetze des Staates zu stellen – wohl aber als eine Bundesgesellschaft bestimmte Werte gewährleistet zu sehen.

Welche Inspiration und Gestaltungskraft birgt die Bundesgesellschaft heute? Dieser Frage widmet sich der zweite Band von

MACHLOKET | STREITSCHRIFTEN. Der erste Band hat unter dem Titel „Säkulares Judentum aus religiöser Quelle“ das *säkulare* Fundament des Judentums zu erhellen versucht – und dabei den Fokus auf die rechtsstaatlichen, demokratischen und pluralistischen Aspekte der politischen Tradition des Judentums gelegt. Dieser zweite Band setzt diese Argumentation unter dem Titel „Bürgerschaftliches politisches Engagement als jüdische Praxis“ fort. Die beiden Autoren, Hannes Stein und Stephan J. Kramer, die jeweils einen Beitrag zu diesem Thema verfasst haben, sind ausgewiesene Kenner der politischen Wirklichkeit des jüdischen Lebens in Deutschland.

Hannes Stein, ursprünglich aus Deutschland, lebt heute in New York. Von dort aus kommentiert er als Publizist in *Die Welt* und der *Jüdischen Allgemeinen* das politische Geschehen Deutschlands von einer selbstbewusst jüdischen Warte aus.

Stephan J. Kramer war jahrelang Generalsekretär des Zentralrates der Juden in Deutschland, bevor er im November 2015 Präsident des Thüringer Landesamtes für Verfassungsschutz wurde.

Hannes Steins für MACHLOKET | STREITSCHRIFTEN verfasster Aufsatz *covenantal society* richtet sich auf die in der Tora gegründete „Bundesgesellschaft“, die durch den Bund zwischen Gott und den Israeliten entstanden ist. Sie gestaltete nicht nur das jüdische Leben, sondern wurde auch das Modell für die späteren republikanischen und demokratischen Revolutionen in Europa und Amerika. Auf faszinierend vorauslaufende Weise setzten sich die Rabbinen mit Fragen auseinander, mit denen sich auch die politischen Philosophen beschäftigen würden.

Stephan J. Kramer reflektiert in seinem Essay *Jüdische Politik* das Engagement jüdischer Verbände, Organisationen, aber auch

Mäzenen, die vor allem den Belangen der unmittelbaren jüdischen Gemeinschaft dienen wollen.

Beide Zugänge – der gesamtgesellschaftliche ebenso wie der innerjüdische – stehen in einem inneren Zusammenhang. Um die politische Tradition des Judentums für die Gegenwart neu zu erschließen, müssen sie *gleichzeitig* thematisiert werden. Erst in ihrer Verbindung scheint die mögliche Bedeutung der politischen Tradition des Judentums für die demokratische Gesellschaft heute auf. Bezeichnender Weise überschneiden sich beide Aufsätze in einem typischen Punkt – der Ambivalenz gegenüber der heutigen institutionalisierten Macht.

Stein versteht die „Bundesgesellschaft" als ein Bündnis, das primär nicht auf einen Staat angewiesen ist, sondern auf das Vertrauen und die gegenseitige Verpflichtung gleichberechtigter Bürger. Er sieht dies jedoch als konstitutive Basis der europäischen Gesellschaft nicht gegeben. Nach wie vor seien die Europäer zu sehr auf ihren jeweiligen Nationalstaat fixiert, als dass sie die jüdisch-politische Tradition der „Bundesgesellschaft" verwirklichen würden.

Kramer setzt beim „konstruktiven Ungehorsam" als der unerlässlichen Bedingung für politisches Engagement an. Seine Analyse bedeutet weitergedacht, dass „jüdische Politik" über die Grenzen der jüdischen Gemeinschaft hinaus ausstrahlt und auch die Gesamtgesellschaft mitprägt. Wie sich die jüdische Gemeinschaft politisch nach innen organisiert, beispielsweise wie viel innere Religionsfreiheit sie zulässt, wirke sich zugleich nach außen auf das Selbstverständnis einer demokratischen und zugleich pluralistischen Gesellschaft aus. Auch hier sieht er Grenzen und denkt deshalb über die Notwendigkeit eines neuen Raumes für innerjüdische Kontroversen nach, um von dorther mehr Juden zu gesellschaftspolitischen Engagement zu motivieren.

Beide Aufsätze sind noch vor der Ankunft der Millionen Flüchtlinge in Europa geschrieben worden. Sie stellt heute das politische Selbstverständnis der Europäischen Union vor jene Zerreißprobe, die sich in Hannes Steins Aufsatz als Zweifel an der politischen Vertrauenswürdigkeit Europas spiegelt. An diesem neuralgischen Punkt zeigt sich jedoch umso stärker die Dringlichkeit einer lebendigen jüdisch-politischen Tradition in Europa. Es ist kein Zufall, dass die Feinde der Freiheit – Rechtsradikale ebenso wie Terroristen im Namen eines verzerrten Islam – um das jüdische Element der demokratischen Rechtsstaatlichkeit wissen – und das mit Antisemitismus und Israelhass auch zum Ausdruck bringen. Die Migranten kommen zu einem großen Teil aus Staaten, die eben diesen Juden- und Israelhass als Staatsdoktrin pflegten. Zeitgleich ringt die demokratische Öffentlichkeit Deutschlands mit dem Versagen ihres Verfassungsschutzes angesichts der Morde des neonazistischen NSU. Dass ein ehemaliger Generalsekretär des Zentralrates der Juden zum Präsidenten des Thüringer Verfassungsschutzes ernannt wurde, erscheint fast als die logische Konsequenz einer politischen Wirklichkeit, die den Feinden der Demokratie so wenig entgegenzusetzen hatte.

Die Frage nach dem demokratischen Potential der jüdischen Tradition für die heutige Gesellschaft ist gerade einmal aufgeworfen. Selbstredend ist mit diesem zweiten Band von MACHLOKET | STREITSCHRIFTEN nur ein erster Anfang gemacht. Sich des jüdischen Anteils der Geschichte politischer Freiheit gewahr zu werden, sollte verstärkt auch Teil der Demokratieerziehung werden. Hier ist jedoch nicht nur die allgemeine Gesellschaft gefragt, hier steht zugleich die jüdische Gemeinschaft als mitgestaltende Kraft der demokratischen Gesellschaft vor einer eigenen Herausforderung. Wenn von den Flüchtlingen aus Diktaturen verlangt wird, die demokratischen Werte zu lernen und zu akzeptieren, gehört die jüdische Gemeinschaft zu den Mitrepräsentanten eben dieser demokratisch verfassten Mehrheitsgesellschaft. Welche neue Mitverantwortung ergibt sich hieraus? Wieviel Bewusstsein bedarf es für das politische Erbe der jüdischen Tradition als politisch mitgestaltender Kraft?

In diesem Zusammenhang ist auch der neuerdings gebrauchte Begriff der „christlich-jüdischen Tradition" positiv zu verstehen. Es stimmt, dass in den vergangenen Jahrhunderten der jüdische Anteil systematisch verdrängt und verschüttet wurde, sodass es heute immer noch schwerfällt ihn benennen zu können. Zu seiner Erhellung wäre es nicht verkehrt, die jüdische Tradition nicht nur im Schlepptau der christlichen zu sehen, sondern die Attribute zu „jüdisch-christlich" umzustellen. Ebenso sind all jene muslimischen Kräfte, die sich an der Stärkung der demokratischen und pluralistischen Gesellschaft aus den Quellen des Islams beteiligen wollen, eingeladen diesem Diskurs beizutreten, der dann unter der Überschrift „demokratische Traditionen des Monotheismus" geführt werden sollte.

Man muss nicht Jude sein, um aus der jüdischen Tradition zu schöpfen. Politische Ansprüche wie die Menschenwürde, soziale Solidarität, die Schaffung eines Gemeinwesens, das Prinzip der Gewaltenteilung und der unabhängigen Gerichtsbarkeit, Rechte der Ausländer, usw. sind von der jüdischen Tradition mit angestoßen worden, aber nicht auf das jüdische Leben begrenzt. Im Zusammenwirken mit dem Christentum und den säkularen Bewegungen sowie den griechischen und römischen Denkschulen wurden sie in der politischen Geschichte demokratischer Gesellschaften konkretisiert.

Gegen diejenigen, die das Judentum allein auf die Juden beschränkt wissen wollen, ebenso wie gegen diejenigen, die die politische Tradition des Judentums als die Schaffung eines theokratischen Gottesstaates missdeuten, geht es heute darum, die politische Tradition des Judentums anteilig an dem größeren demokratischen Ganzen zu ermessen.

Mit dem in diesem Band von MACHLOKET | STREITSCHRIFTEN gemachten Anfang ist darum nicht im Entferntesten alles gesagt. Die Ausformungen der jüdisch-politischen Tradition in den sich ändernden Zeitläuften immer wieder neu zu erschließen – ob als Bundesgesellschaft, ob als Beitrag zur Zivilgesellschaft, ob als Inspiration für den Rechtsstaat, der eine pluralistische Wirklichkeit zusammenhalten muss -, bleibt eine immerwährende Herausforderung. Sie wird sicherlich noch viele Ausgaben von MACHLOKET | STREITSCHRIFTEN bestimmen.

Elisa Klapheck
Rabbinerin, Herausgeberin

Von Hannes Stein erschien 1998 das Buch „Moses und die Offenbarung der Demokratie“. Im Vorwort schreibt er: „Nein, der moderne Rechtsstaat kam nicht aus Athen. Er kam aus Jerusalem. Der liberale Gesellschaftsvertrag ist mit hebräischen Lettern geschrieben.“ Im Weiteren zeichnet Stein in diesem Buch nach, wie die Bibel in Etappen politische Geschichte schreibt und dabei das Recht, den Rechtsstaat und schließlich die Demokratie offenbart. Heute lebt Hannes Stein in New York und verfasst politische Kommentare für „Die Welt“ und die „Jüdische Allgemeine“. Seine – auch geistige – Übersiedlung in die USA brachte er publizistisch im Weblog „Achse des Guten“ sowie in seinem Buch „Tschüß Deutschland!“ (2010) zum Ausdruck. Unlängst veröffentlichte er den Roman „Der Komet“.

Im nachfolgenden Essay beleuchtet Stein die politische Bedeutung des „Bundes“, den Gott in der Bibel mit dem Volk Israel geschlossen hat. Dieser Bund wurde in der Geschichte der politischen Ideen – in der Schweiz, den Niederlanden, England und den USA – zu einem grundlegenden Modell im Kampf für republikanische Freiheit. Das aus der Tora erwachsene Konzept der „Bundesgesellschaft“ sieht Stein heute vor allem in den USA verwirklicht. Dass sich die Idee der Bundesgesellschaft auch in Europa durchsetzen könnte, glaubt er nicht. Dem stehe immer noch zu sehr der Glaube an den eigenen Nationalstaat entgegen.

Dem streitbaren Geist der Schriftenreihe MACHLOKET | STREITSCHRIFTEN *entsprechend folgt im Anschluss an Steins Aufsatz eine Verteidigung Europas als (Teil-)Verwirklichung der jüdischen Idee politischer Verträge.*

Hannes Stein

COVENANTAL SOCIETY – Das politische Vermächtnis der Tora lebt in den USA, nicht aber in Europa

DIE SCHÖPFUNG UND DIE JUDEN

Am Anfang schuf Gott den Himmel und die Erde. Und dann gab er den Juden das Gesetz. So steht es zwar nicht genau in der Hebräischen Bibel, aber so ist die Hebräische Bibel später von den Rabbinen im Talmud gelesen worden. Es war für sie gar nicht so einfach die grundsätzliche Richtung – von der Schöpfung zum Gesetz, von Adam zu Moses – nachvollziehbar zu machen. Und ist es auch heute noch nicht. Trotzdem liegt in dem Schritt von der Schöpfung zum Gesetz ein unabschätzbarer zivilisationspolitischer Schritt.

Der Talmud betont, dass die Schöpfung von Anfang an kein Selbstzweck gewesen sei; sie hing sozusagen in der Luft, solange eine wesentliche Bedingung – eine *conditio sine qua non* – nicht erfüllt war: Das Volk Israel musste am Sinai die Tora akzeptieren. Hätten die Juden abgelehnt, wäre die Schöpfung wieder zunichte geworden. Der Talmud bezieht sich dabei auf den 76. Psalm: „Wenn du das Urteil vom Himmel hören lässt, erzittert das Erdreich und wird still." (V. 9) Wie kann das Erdreich zittern, wenn es still ist? Und wie kann es still sein, wenn es zittert? Die rabbinische Erklärung hierzu ist, dass die Schöpfung in ihrem Fundament gezittert habe, bis die Juden zum Gesetz Ja und

Amen sagten – sie fürchtete um ihre Existenz. Erst zitterte sie, dann war sie erleichtert und still. Der Talmud-Gelehrte Resch Lakisch sah hier eine direkte Linie – vom 6. Schöpfungstag, als dem entscheidenden Tag, an dem die Menschheit erschaffen wurde, zum Tag der Offenbarung, als die Juden am Berg Sinai die Tora mit ihren Gesetzen angenommen hatten:

„Der Heilige, er ist gesegnet, traf mit dem Schöpfungswerke eine Vereinbarung und sprach zu ihm: Nehmen die Israeliten die Tora an, so sollt ihr bestehen bleiben, wenn aber nicht, so verwandele ich euch wieder in Öde und Leere." (BT *Schabbat* 88a)

Wir haben richtig verstanden: alles – das ganze Erdreich, die Sonne, die Planeten, die Galaxien –, alles hängt von den Juden ab. Ist das nur eine nationale Hybris? Jüdischer Erwählungsdünkel? Mag sein. Oder gerade nicht. Es kann damit etwas Grundsätzliches ausgedrückt sein, das für alle Gesellschaften gilt, die die Tora annehmen. Es kann sich um den zivilisationspolitischen Schritt handeln, den die Schöpfung tatsächlich braucht.

„Schöpfung", im Unterschied zur bloßen „Natur", gibt der Evolution eine heilsgeschichtliche Richtung. Diese schließt die Beziehung des Menschen zur Natur mit ein, was angesichts der Dominanz der Menschen über unseren Planeten wohl zu einer von der Tora vorhergesehenen Tatsache geworden ist.

Die Vorstellung, dass die Schöpfung von der Entscheidung der Menschen abhängig ist, widerspricht Ideologien von einer ewig feststehenden Schöpfungsordnung. Was Resch Lakisch im Talmud zu verstehen gibt, ist, dass die Schöpfung besteht, indem die Menschen die Tora annehmen – also die Menschen „bestehen". Die Schöpfung hängt somit nicht nur von Gott ab, sondern auch von den Menschen. Wenn sich die Schöpfung, aufgrund der Fehlentscheidungen der Menschen wieder in eine Ödnis zurückentwickeln kann, ist nach rabbinischer Vorstellung ihre Zukunft nicht festgelegt. Wie auch die Zukunft der Menschen nicht festgelegt ist, sondern „Adam" erst das „Volk Israel" werden muss, indem dieses die Tora annimmt. Dieser Bewegungsmodus ist Teil der Beziehung zwischen Mensch und Schöpfung. Die Evolution bewegt sich ebenfalls in heilsgeschichtlichen Bahnen, wie es die Menschen tun. Die talmudische Interpretation, nach der das ganze Erdreich von den Juden abhängt, drückt aus, dass Gott die Schöpfung in eine heilsgeschichtliche Spannung gestellt hat, die auf ein Ziel ausgerichtet ist. Ob dieses erreicht wird, hängt davon ab, dass eine Gesellschaft – kein Individuum, sondern eine Gruppe von Menschen – sich unter das göttliche Gesetz stellt.

FREIWILLIGER GEHORSAM?

Ist es wichtig, ob sie das freiwillig tut, oder wäre es unfreiwillig auch in Ordnung? In der Tora sieht es so aus, als hätte es einen Willensakt des Volkes gegeben.

„Da antwortete das ganze Volk einmütig und sprach: Alles, was der Ewige geredet, wollen wir tun!" (*Ex* 19:8)

Doch in der rabbinischen Auslegung gibt es mehrere Versionen. Einem Midrasch zufolge hat Gott den Berg Sinai über die Israeliten gehalten und damit gedroht, sie zu zerquetschen, wenn sie sich nicht auf den Bund mit ihm einlassen. Die Rabbinen deuteten das Hebräische *beTachtit haHar* („unten am Berg") im 5. Buch Mose 33:2 als *unter* dem Berg. Gott habe den Berg

Sinai ausgerissen, ihn hochgehoben und umgekehrt über das Volk gehalten, so dass es plötzlich „unter dem Berg" stand. Daraufhin soll er zum Volk gesagt haben:

„Wenn ihr bereit seid, die Tora zu empfangen, ist es gut, doch wenn nicht, werde ich euch unter diesem Berg begraben." (BT *Schabbat* 88a)

In der Sprache der Mafia könnte man sagen: Gott machte den Juden ein Angebot, das sie nicht zurückweisen konnten. Als sie die Tora akzeptierten, flogen Engel vom Himmel herab und setzten jedem Juden eine goldene Krone auf (nach der Geschichte mit dem goldenen Kalb wurden die Kronen allerdings ohne großes Zeremoniell wieder eingesammelt). Andere Midraschim wiederum erzählen, Gott habe den Israeliten die Tora nicht gleich nach dem Auszug aus Ägypten gegeben, sondern sieben Wochen damit gewartet, weil er nicht wollte, dass sie das Gesetz nur aus Dankbarkeit für ihre Befreiung aus der ägyptischen Knechtschaft annahmen. Er verhielt sich also wie ein Ehrenmann, der gerade eine Dame aus höchster Not gerettet hat: Er machte ihr den Heiratsantrag nicht gleich danach, sondern wartete erst einmal ab, damit sie ihm das Ja-Wort dann wirklich aus Liebe gab, nicht, weil sie gefühlsmäßig überwältigt war.

Aber vielleicht stellt sich die Frage der Freiwilligkeit gar nicht und bekräftigten die Rabbinen mit dem drastischen Bild des nach unten gerichteten Gipfels lediglich ihr Wissen um ein ehernes Entweder-Oder. Ein Ja bedeutet, dass es weitergehen kann. Ein Nein zieht die Zerstörung auf sich. Beide Male geht die Kraft vom höchsten Gesichtspunkt aus, da wo die Tora gegeben wird. Die Schöpfung geht zugrunde, wenn sich das Volk für ein Nein zur Tora entscheidet. Und wenn Gott dann seine Schöpfung trotzdem behalten will? Dann würde über die Zerstörung hinaus dieser Kraftpol fortwirken und auf eine nächste Runde hinwirken, bei der das Volk wieder dort vor der Entscheidung steht: Ja oder Nein zur Tora.

Trotzdem rangen die Rabbinen mit der Freiwilligkeit. Denn nur freiwillige Zustimmung garantiert dauerhafte Legitimation. Das erkannten später auch die politischen Philosophen des modernen Rechtsstaates. Thomas Hobbes (1588–1697), wahrlich kein Freund der Demokratie, sondern Befürworter absoluten Gehorsams gegenüber einem unbeschränkt souveränen König, konnte in seinem *Leviathan* solchen Gehorsam nur mit schwerer Mühe aus der Bibel ableiten. Selbst er kam nicht umhin, die Freiwilligkeit des Gehorsams zu konstatieren. Hierfür bezog sich Hobbes auf die Stelle im 2. Buch Mose, in der das Volk Israel Moses beauftragt, mit Gott zu sprechen und die Gesetze von ihm zu erhalten. „Rede du mit uns, wir wollen *gehorchen*; und lass Gott nicht mit uns reden, wir möchten sonst sterben." (Ex 20,16) Hobbes übersetzte die Verbwurzel *sch-m-a* mit „gehorchen", nicht mit „hören". Nur indem das Volk Moses beauftragte und versprach, *ihm* – also Moses und nicht Gott, beziehungsweise seinen – und nicht Gottes Entscheidungen – zu gehorchen, konnte die Tora Rechtsgültigkeit erlangen – meinte Hobbes.

Liest man die rabbinische Auseinandersetzung, scheint es den jüdischen Gelehrten jedoch weniger um den Gehorsam zu gehen, als vielmehr um die Schaffung eines Gemeinwesens, einer Bundesgesellschaft, in der alle verantwortlich werden. Louis Ginzberg hebt in *The Legends of the Jews* (1911) hervor, dass einem Midrasch zufolge den Israeliten am Sinai alle fünf Bücher des Pentateuch vorgelesen wurden, damit sie auch ganz genau wussten, welche Verpflichtungen sie auf sich nahmen, wenn sie sich auf den Gottesbund einließen.

Es gibt jedoch mehrere Interpretationen. Einer anderen bekannten Geschichte zufolge haben die Kinder Israels sich freilich auf den Bund mit Gott eingelassen, ohne dass sie diesen vorher gekannt hätten; und just aus diesem Grund sei Israel auserwählt, denn die anderen Völker waren zögerlich. (*Sifre Deu.* 343)

Michael Walzer unterstreicht in seinem großartigen Werk *Exodus und Revolution* (1985/88), wie wichtig den Rabbinen die Bedeutung der freiwilligen Verantwortung gewesen ist. So spekulierten sie im Talmud z.B. über die Anzahl von Bünden, die am Sinai geschlossen wurden. (BT *Sota* 37a-b) Eine Spekulation lautet: 603.550 Bünde, denn so viele erwachsene Männer hätten damals am Sinai gestanden. (Frauen, Mädchen und Männer, die noch nicht 13 Jahre alt waren, werden hier, wie im orthodoxen Gottesdienst üblich, nicht gezählt. Es handelt sich um ein Bündnis zwischen Gott und Haushaltsvorständen.) Ein anderer Rabbiner widersprach: Nein, es müsse sich um exakt 603.550 mal 603.550 Bünde gehandelt haben! Denn die Männer hätten sich nicht nur Gott gegenüber, sondern auch untereinander verpflichtet. „Was ist die Rechtsfrage zwischen ihnen? Rabbi Mescharscheja sagte: Die Rechtsfrage zwischen ihnen ist jene von persönlicher Verantwortung und Verantwortung für andere."

Der einzelne ist nicht nur verpflichtet, selbst die Gesetze zu befolgen, er muss auch dafür sorgen, dass sie kollektiv befolgt werden; er soll nicht nur selbst gerecht handeln, sondern durchsetzen, dass in der ganzen Gesellschaft Gerechtigkeit herrscht – dass die Witwen und Waisen versorgt werden, dass die Armen bekommen, was ihnen rechtmäßig zusteht.

Die neue Verantwortung Aller erstreckte sich sogar auch auf die Frauen! Laut einem Midrasch (*Ex Raba* zu *Ex* 19:3) erinnerte

Gott sich am Berg Sinai an den Fehler, den er einst gemacht hatte, als er sein ursprüngliches Gebot über die Frucht vom Baum der Erkenntnis nur Adam und nicht auch Eva mitteilte. Er beschloss, diesen Fehler nicht zu widerholen, sondern dieses Mal auch die Frauen einzubeziehen, ja sie sogar als erste anzurufen. Denn:

„Wenn ich nun die Frauen nicht zuerst anrufe, werden sie die Thora ungültig machen."

Gott war also der erste Feminist, und das Frauenwahlrecht galt für ihn bereits am Sinai – das heißt Jahrtausende, bevor es in Europa eingeführt wurde.

DIE TORA ALS CONTRAT SOCIAL

Studiert man einige der rabbinischen Diskussionen über den Bund am Sinai, könnte man meinen, die Rabbinen hätten damals schon Jean-Jacques Rousseau gelesen. Sie scheinen geradewegs über den *contrat social* und die *principes du droit politique* zu sprechen – nur eben viele Jahrhunderte, bevor Rousseau 1762 seine revolutionären Gedanken über ein Gemeinwesen, das auf der Zustimmung Aller beruht, zu Papier brachte.

Der Ägyptologe Jan Assmann hat in *Moses der Ägypter. Entzifferung einer Gedächtnisspur* (1998) darauf hingewiesen, dass der Bund, den die Israeliten mit Gott geschlossen hatten, der Form nach genau wie jene Bündnisse aussieht, mit denen Vasallen sich in der Bronzezeit ihren Königen oder Pharaonen verschworen. Der lange Katalog von Grausamkeiten, die den

Israeliten drohen, wenn sie sich von Gott entfernen, ist eine typische Fluchformel, mit denen bronzezeitliche Verträge immer endeten; in ihnen wurde festgeschrieben, was den Vasallen drohte, wenn sie ihre Pflicht gegenüber dem König verletzten. Das *Sch'ma Jisrael* („Höre Israel") entspricht bis in den Wortlaut hinein Treueformeln, mit denen midianitische Schildwachen sich an ihren Monarchen banden: Auch sie versprachen ihren Herrscher mit ganzem Herzen, ganzer Seele und ganzer Kraft zu lieben.

Die Monarchen der Bronzezeit galten als Götter; genauer gesagt stellten sie die Verbindung zwischen der Götterwelt und der Welt der Sterblichen her. Durch sie erlangten die Menschen Heil, und ihre Herrschaft sollte – so der altägyptische Ausdruck – für *ma'at*, also Gerechtigkeit und Ausgleich sorgen. Der König oder Pharao war der Verbündete des Volkes gegen die Eliten.

In gewisser Weise könnte man sagen, dass der Gott der Israeliten ebenfalls als ihr Anwalt gegen die damaligen Machtstrukturen auftrat. Doch indem die Israeliten in ihren Schriften den Gottkönig durchstrichen und an seine Stelle einen transzendenten, körper- und bildlosen Gott setzten, der durch nichts anderes für uns da ist, als durch sein Gesetz – so war dies ein revolutionärer Akt. Von nun an stand in der Mitte des *contrat social* nicht mehr ein vergöttlichter Mensch, sondern eine Gesetzesrolle, die Tora; und alle, die durch sie verschworen waren, bildeten miteinander „ein Königreich von Priestern, ein heiliges Volk". Im späteren rabbinischen Bewusstsein wurde es immer weniger Gott, der herrschte, sondern immer mehr sein Gesetz – die Gesetzesrolle, die die Israeliten angenommen hatten.

WILLENSNATION

Durch den Bund am Sinai wurden, wie uns die Hebräische Bibel erzählt, auch die alten Stammesvereinigungen überwunden. An ihre Stelle trat ein neues politisches Gebilde – eine Willensnation, die nicht nur durch Blutsbande und gemeinsame Erinnerungen, sondern vor allem durch einen kollektiven Bund zusammengehalten wurde.

Diese Vorstellung einer *covenantal society*, einer Bundesgesellschaft, ist weit über die Juden hinaus wirkmächtig geworden. Nehmen wir etwa den Gründungsmythos der Eidgenossenschaft: Nach dieser Legende haben sich Vertreter von Uri, der Schwyz und Unterwalten, gewissermaßen drei Stämmen, auf dem Rütli, einer Wiese am Vierwaldstätter See, gegen die bösen Vögte der Habsburger verschworen. Von der zweiten Hälfte des 16. Jahrhunderts an gab es die Vorstellung, dieser Bund sei schriftlich gefasst und besiegelt worden; am Ende des 19. Jahrhunderts wurde ein in lateinischer Sprache abgefasstes Dokument vom August 1291 kurzerhand zum Dokument des Rütlischwurs, zum „Bundesbrief" erklärt. Man könnte den Bundesbrief ohne weiteres als die *schweizerische Tora* verstehen, überhaupt kann man sich des Eindrucks nicht erwehren, dass hier biblische Geschichte geradezu nachgespielt wird. Am deutlichsten ist dieser Eindruck in Friedrich Schillers Drama *Wilhelm Tell,* in dem der Landvogt Hermann Gessler den Pharao gibt, während Wilhelm Tell Abraham und Moses in einem ist: Die berühmte Apfelschussszene evoziert die *Akkeda*, die „Aufbindung" (und eben nicht Opferung!) Isaaks. Wie Abraham, der zusammen mit seinem Sohn Isaak durch ein höchstes Risiko geht und damit eine überkommene Vorstellung vom Kindesopfer hinter sich lässt, bezwingt auch Wilhelm Tell eine überkommene Ordnung, verkörpert im Landvogt

Gessler, der Tell zwingt, einen Apfel vom Kopf seines Sohnes zu schießen. Der Tyrannenmord an Gessler erinnert wiederum an die Tötung des ägyptischen Sklaventreibers durch Moses.

Und der Rütlischwur selber ist so, wie Schiller ihn in Verse fasst, überhaupt nur noch biblisch.

Da ist die Überwindung der alten Stämme, das Bekenntnis zur Willensnation: „Wir wollen sein ein einzig Volk von Brüdern, / In keiner Not uns trennen noch Gefahr."

Da ist die Erinnerung an die Patriarchen, die hier nur eben nicht Abraham, Isaak und Jakob heißen: „Wir wollen frei sein, wie die Väter waren, / Eher den Tod, als in der Knechtschaft leben."

Da ist das Durchstreichen des Pharao und seine Ersetzung durch eine transzendente Gottheit, die sich in ihrem Gesetz verwirklicht: „Wir wollen trauen auf den höchsten Gott / Und uns nicht fürchten vor der Macht der Menschen."

Man kann diesen quasi-biblischen Gründungsmythos belächeln, aber man kann nicht bestreiten, dass er die Eidgenossenschaft bis heute zusammenhält.

An die Überwindung der Angst vor dem Gottkönig, dem Pharao knüpft sich zugleich eine Überwindung der „Natur". Die „Stämme" überwinden sich zur „Nation" – zu einer Willensnation. Darin sind alle Mitglieder „Brüder". Auch in der Hebräischen Bibel begründet die Willensnation „Israel" eine politische Vorstellung von „Brüderlichkeit", die nicht allein auf die geborenen Brüder, sondern die gewollten Brüder verweist. Damit verbindet sich zugleich eine neue Vorstellung von „Gemeinschaft", in der durch das Recht alle miteinander verbunden sind – bis hin zu dem Satz *Kol Jisrael Arewim se ba-se* – „Ganz Israel bürgt für einander, der eine *im* anderen."

HEBRÄISCHE REPUBLIK

Während der Dreißigjährige Krieg in Deutschland ganze Landstriche verwüstete, erwies sich der im 17. Jahrhundert zwischen Katholiken und Protestanten geführte Kampf um die Vorherrschaft über die Niederlanden und die angelsächsische Welt zugleich auch als Kampf gegen die autoritären Monarchien. Maßgebliche Inspiration bezogen die Wortführer des republikanischen Denkens aus der Hebräischen Bibel und den talmudischen Diskursen. Da England, trotz seines Bürgerkriegs, von der vernichtenden Gewalt der europäischen Religionskriege verschont blieb, konnte hier die Geschichte vom Exodus und der Gesetzgebung am Sinai erneut nachgespielt werden.

Das Königreich war seit Heinrich VIII. anglikanisch – also nicht katholisch, daran war nicht zu rütteln. Trotzdem hatte man Angst vor einem katholischen Rollback. Sie erhielt neue Nahrung als anno 1625 Charles I. den Thron von England, Schottland und Wales bestieg. Denn seine französische Gattin war Katholikin. Außerdem ernannte er William Laud zum Erzbischof von Canterbury, der zum Entzücken des Papstes Kruzifixe, Chorhemden und Statuen wieder einführte und überhaupt den anglikanischen Gottesdienst rekatholisierte. 1642 explodierte der Gegensatz zwischen einem König mit katholischen Sympathien und seinem protestantischen Parlament in einem Bürgerkrieg. Dieser Bürgerkrieg endete nach vielem Hin und Her damit, dass Charles I. im Jahre 1649 sein Haupt mit einem Axthieb im Namen des souveränen Volkes vor die Füße gelegt wurde. Ein Novum in der Geschichte: Hier sollte keine neue Dynastie begründet, sondern eine neue Republik gegründet werden, das *Commonwealth of England*. Als Vorbild galt die „Hebräische Republik", welche die republikanischen Denker aus den biblischen und rabbinischen Schriften ableiteten. Zum Regierungschef stieg nach vielen Wirren 1653 ein gewisser Oliver Cromwell auf, ein Puritaner, Landeigentümer und genialer Stratege. Er führte den Titel *Lord Protector* und war de facto der Militärdiktator des Commonwealth, verfügte aber zu keinem Zeitpunkt über die absolute Macht. Über zentrale Begriffe der liberalen Demokratie wie die Gewaltenteilung ist im Commonwealth zum ersten Mal nachgedacht worden; Pamphletisten jeder Couleur begründeten die moderne Meinungsvielfalt; der große Dichter John Milton, der Cromwell als „Lateinsekretär" diente, forderte in seiner Schrift *Aeropagitica* zum ersten Mal in der Geschichte Europas die Abschaffung der Zensur. All dieses geschah im Namen der Hebräischen Bibel. König Charles I. galt den puritanischen Revolutionären als Pharao. Cromwell war Moses. Die *New Model Army*, in der Männer aus allen protestantischen Sekten gemeinsam dienten – sogar die radikalen Wiedertäufer waren willkommen –, war das kämpfende Gottesvolk. Über die Demokratisierung der englischen Gesellschaft wurde in biblischen Begriffen diskutiert. In der ersten Sitzungsperiode des ersten gewählten Parlaments unter seinem Protektorat beschrieb Oliver Cromwell den Exodus als „die einzige Parallele von Gottes Umgang mit uns, die ich in der Welt kenne..." Man sei „durch die Gnade Gottes so weit gekommen". Nie zuvor und nie danach hat es in Europa eine Nation gegeben, die so judäochristlich dachte wie England im 17. Jahrhundert. In jeder Kneipe und Kirche wurde über die richtige Auslegung der Hebräischen Bibel debattiert.

Dem entsprechend wollte der radikale Flügel der damaligen Republikaner die Führung des neuen Gemeinwesens nicht nur auf eine politische Elite beschränkt wissen. Für die Argumentation spielte eine Stelle im 18. Kapitel des Exodusberichts eine wichtige Rolle, wo Jethro, der Schwiegervater von Moses, vorschlägt, Moses solle „redliche Leute" auswählen und über das Volk setzen: „etliche über tausend, über hundert, über fünfzig und über zehn". (*Ex* 18, 13 ff.) Raschi hatte dazu Berechnungen angestellt – mit dem Ergebnis, dass bei mehr als 600.000 erwachsenen Männern, damals 82.600 „redliche Leute" regiert haben müssen, also rund 15 Prozent der männlichen Bevölkerung.

Während der puritanischen Revolution wurden mehrere Verfassungspläne vorgeschlagen, die just auf diesem Prinzip beruhten – sie waren für die Juristen des Parlaments am Ende aber nicht akzeptabel, weil sie die politische Beteiligung zu stark ausgeweitet hätten. Cromwell und die Seinen wollten eine Republik ohne Staatskirche und ohne Königshaus, aber keine Demokratie. Die Forderung „*one man, one vote*" wurde nur von einem kleinen, ganz besonders radikalen Flügel der Revolution, den *Independents* erhoben.

SPIRITUELLE ISRAELITEN

Noch stärker als in der Schweiz und im England des 17. Jahrhunderts war die Identifikation mit der Hebräischen Bibel in der amerikanischen Revolution. Auf den ersten Blick mag das überraschen, denn die amerikanischen Gründerväter bemühten weniger als ihre niederländischen und englischen Vorläufer das Christentum, um ihre politischen Ideen an das Alte Testament zu knüpfen. Sie waren weniger „Puritaner" und Bibelfundamentalisten, wie man gemeinhin annimmt, als „Deisten" – religiöse

Freidenker (vielleicht mit Ausnahme von John Adams, der ein wohltemperiertes Christentum bevorzugte).

Dennoch sahen auch sie sich als spirituelle Israeliten: Der amerikanische Kontinent war ihr Kanaan, George Washington war Moses, der glücklose britische König George III. war der „Pharao o'er the waters". Die amerikanische Nation war eine „Nation unter Gott", die durch Zustimmung zur amerikanischen Verfassung entstand – so wurde die Rivalität und Eifersüchtelei der amerikanischen „Stämme", der dreizehn ursprünglichen Kolonien, überwunden. Und im Prinzip kann jeder Teil der amerikanischen Willensnation werden – er muss sich nur zur „amerikanischen Tora" bekennen, der Unabhängigkeitserklärung und der Verfassung. Benjamin Franklin gestand, dass er das christliche Credo nicht verstehe und dass er Leuchttürme für sinnvoller halte als Kirchen. Derselbe Franklin aber soll ein Großes Amtssiegel der Vereinigten Staaten entworfen haben, das zeigte, wie die Armee des Pharao hilflos im Schilfmeer ersäuft. Darunter habe als Inschrift gestanden: „Widerstand gegen Tyrannen ist Gehorsam gegenüber Gott".

Harriet Beecher Stowe, die im 19. Jahrhundert den Anti-Sklaverei-Roman „Onkel Toms Hütte" schrieb, erinnert sich, dass ihr Großvater immer im Stehen betete: „Das Bild seines milden Silberhauptes, wie es über die hohe Lehne seines Stuhles ragt, steigt in mir auf, wann immer ich an die Kindheit zurückdenke. Es lag keine große Wärme in diesen täglichen Exerzitien, kein Eifer, eher eine ernste und hochgestimmte Würde. Der Form nach waren die Gebete hebraistisch; von Zion und Jerusalem war die Rede, vom Gotte Israels, dem Gotte Jakobs … und außer der Schlussformel ‚um deines Sohnes, des Heilands willen', hätte all dies in Palästina von einem gebildeten Juden zur Zeit König Davids ausgesprochen werden können."

David J. Brewer, ein Richter am Supreme Court in Washington, beschwor 1902 in einem Vortrag vor Studenten in Yale den biblischen Topos vom Priestervolk, er sagte: „Die Wahlkabine ist der Tempel der amerikanischen Institutionen. Kein einzelner Stamm oder keine einzelne Familie ist auserwählt, die heiligen Feuer zu beobachten … Jeder von uns ist ein Priester. Jedem von uns ist die Obhut für die Arche des Bundes anvertraut. Jeder wirkt an ihren Altären." (*American Citizenship*)

BEZIEHUNG DER GEGENSEITIGKEIT UND LOYALITÄT

Die Idee der *covenantal society* ist zumindest für die Vereinigten Staaten, in geringerem Maße wohl auch die Schweiz und Großbritannien, bis heute konstitutiv geblieben. Sie entstammt dem in der Bibel beschriebenen Bund Gottes mit dem Volk Israel und bedarf keiner weltlichen Autorität wie dem Staat, einer Obrigkeit oder einer Herrschaftsordnung. Auch unterscheidet sie sich vom „Vertrag", bei dem beide Seiten sich einen Vorteil versprechen.

Der ehemalige britische Großrabbiner Jonathan Sacks erinnert uns dabei an Folgendes: „Society" ist etwas anderes als Staat; sie ist auch etwas anderes als der Markt. Die „Bundesgesellschaft" wird nicht von weltlichen Autoritäten auferlegt (es geht also nicht um sozialstaatliche Maßnahmen, so sinnvoll diese auch sein mögen). Sie ergibt sich nicht aus dem freien Spiel der wirtschaftlichen Kräfte (es geht nicht um den Reichtum, den der Kapitalismus erzeugt, auch wenn er unzweifelhaft viele Menschen aus dem Elend geholt hat). „Bundesgesellschaft" heißt, dass Menschen eine Beziehung miteinander eingehen, deren Ende offen ist und die sich auf Gegenseitigkeit und Loyalität begründet. Die einfachste Form einer solchen Beziehung ist – wie Jonathan Sacks schreibt – die Ehe. Auch Freundschaft kann diese Form annehmen: „Jonathan machte einen Bund mit David, weil er ihn liebte wie sich selbst." (*The Dignity of Difference*, 2002)

Wer einen Bund mit anderen Leuten eingeht, der glaubt, dass sie derselben moralischen Gemeinschaft angehören, dass in dieser Gemeinschaft jedes Individuum unveräußerliche Rechte besitzt und nicht nur insofern wichtig ist, als es der Gesellschaft nützt; dass alle an dieser moralischen Gemeinschaft teilhaben, indem sie einander Vertrauen schenken; und dass alle in dieser moralischen Gemeinschaft füreinander Verantwortung tragen.

Im amerikanischen Alltag begegnet man der *covenantal society* auf Schritt und Tritt. Sei es in Form der Nachbarschaftshilfe: In Amerika gilt als selbstverständlich, dass man anderen Leuten, auch Wildfremden, hilft, wenn sie in Not geraten, ohne dafür eine Gegenleistung zu erwarten. Wenn in Minnesota ein Auto am Straßenrand liegenbleibt, bremsen sofort mehrere andere Fahrer und erkundigen sich, ob sie helfen können, und wenn ein Regenguss den Keller überschwemmt, kommt der Mann aus dem Haus gegenüber mit seiner elektrischen Pumpe vorbei. Die „Bundesgesellschaft" nimmt ferner auch die Form der freiwilligen Sozialarbeit an: In Amerika betrachtet jede Synagoge, Kirche oder Moschee sich als Hilfswerk, das in die örtliche Community eingebettet ist und dabei keineswegs nur den Mitgliedern der eigenen religiösen Gemeinschaft zur Verfügung steht. Nachdem der Hurrikan „Sandy" über New York weggebraust war, wurde in jener Synagoge, deren Mitglied der Schreiber dieser Zeilen ist, Geld für Notleidende gesammelt; in den ersten Tagen der Katastrophe wurde auch warmes Essen verteilt, unter anderem an eine muslimische Familie. Die *covenantal society* bedeutet, dass eigentlich alle Amerikaner ehrenamtliche Tätigkeiten ausführen – wenn sie Schulen einen neuen Anstrich verpassen, Kindern Nachhilfeunterricht erteilen oder mit dem Auto nach New Orleans fahren, um dort beim Aufräumen zu helfen, nachdem die Dämme gebrochen waren. Häufig hat die *covenantal society* in Amerika die Farbe Grün: Allein in New York gibt es mehr als 600 Gemeinschaftsgärten, die in Brachen zwischen den Häusern angelegt wurden, eine Tradition, die weit in die Geschichte zurückreicht.

UND ISRAEL?

Die „Bundesgesellschaft" ist, wie Rabbi Jonathan Sacks mit Recht betont, eine biblische Idee; es gibt sie in keiner anderen politischen Tradition – man findet sie weder bei Sokrates noch bei Platon oder Aristoteles; nicht in den Schriften von Cicero, nicht bei Seneca. Umso seltsamer muss es uns anmuten, dass man die *covenantal society* zwar im fernen Amerika antrifft, nicht aber in Israel.

Offenbar bewegt sich die Idee der „Bundesgesellschaft" in einem Widerspruch zur Autorität des Staates. Jedenfalls gibt es im zionistischen Staat allenfalls Spuren der *covenantal society*, nämlich in der Kibbuzbewegung – die allerdings in jeder Hinsicht mittlerweile ziemlich bankrott ist: finanziell, moralisch und politisch. Woher kommt das? Warum hat sich ausgerechnet ein jüdischer Staat nicht von dieser jüdischen Idee beindrucken lassen? Weil

Israel mit sowjetischer Hilfe von überzeugten Sozialisten gegründet wurde. Die Zionisten der ersten Stunde waren zwar (im Unterschied zu den säkularen Israelis von heute) durchaus noch bibelfest; aber sie lasen die Hebräische Bibel beinahe ausschließlich als Geschichts- und Geographiebuch, das ihren Staat auf historischem Territorium untermauern sollte. Nicht im Traum wäre ihnen eingefallen, den Tanach als politische Schrift wahr- und ernst zu nehmen. Die rabbinischen Diskussionen interessierten jene sozialistischen Zionisten ohnehin nicht: Sie galten als Diasporaschriften, konnten also getrost vernachlässigt werden, obwohl gerade sie die Idee der *covenantal society* weiter entwickelten. So kam es, dass beinahe alles, was in Israel dem Gemeinwohl dienen sollte, vom Staat angeordnet wurde; und jetzt, wo der Staat das meiste davon wieder abgeräumt hat, gibt es in Israel kein Drittes: keine *covenantal society* jenseits von Markt und Staat, die die Lücke füllen könnte.

Allerdings zog 2012 Ruth Calderon für die *Yesh-Atid*-Partei in die Knesset ein, die die Interessen der säkularen israelischen Mittelklasse vertritt. Sie hielt dort eine vielbeachtete Rede, in der sie – ungewöhnlich und gerade auch bezeichnend für eine neue Generation säkularer Politiker – den Talmud zitierte.[1] Es lag darin nicht nur die stellvertretende Geste für viele Israelis, die großen religiösen Texte nicht mehr nur den ultrafrommen *Haredim* zu überlassen. Es steckte darin auch die Entdeckung der rabbinischen Quellen für die politische Kultur der israelischen Gesellschaft. Irgendwann wird man bei *Yesh Atid* wohl auch die Idee der Bundesgesellschaft entdecken. Und dann könnte in Israel jenseits des Rechts-Links-Schemas eine interessante Debatte beginnen.

1 Siehe MACHLOKET | STREITSCHRIFTEN, Bd. 1, Berlin 2015, Ruth Calderon, S. 49 ff.

KEIN EUROPÄISCHER RÜTLISCHWUR

Welche Rolle aber könnte die Idee der *covenantal society* in Europa spielen? Hier sollte man vielleicht an eine Erkenntnis des kommunitaristischen Philosophen Alasdair MacInyre anknüpfen: „Der Mensch ist in seinen Handlungen, seiner Praxis wie in seinen Fiktionen ein Tier, das Geschichten erzählt. Nicht seinem Wesen nach, aber durch historische Erfahrung wird er dabei ein Erzähler von Geschichten, die nach Wahrheit streben." Ferner schreibt er: „... ich kann die Frage ‚Was soll ich tun?' nur beantworten, wenn ich eine Antwort auf die erste Frage weiß: ‚Von welcher Geschichte, von welchen Geschichten bin ich ein Teil?'" Gehen wir nun noch einmal an den Anfang zurück und stellen wir etwas sehr Einfaches fest. Die Geschichte vom Auszug aus Ägypten, von der Wanderung durch die Wüste, vom Bund am Berg Sinai ist ein Narrativ. Was wäre nun das entsprechende Narrativ, der gesamteuropäische Exodus-Bericht? Oder mit MacIntyre gefragt: Von welcher Geschichte, von welchen Geschichten ist Europa ein Teil? Aus welcher Knechtschaft haben die Kinder Europas – alle, nicht nur die Osteuropäer sich befreit? In welchem Sinne wären sie das Volk Israel? Und wer ist der Pharao, den es gemeinsam zu bekämpfen gilt?

Am Ende der amerikanischen Unabhängigkeitserklärung heißt es: „Im festen Vertrauen auf die göttliche Vorsehung verpfänden wir untereinander unser Leben, unser Vermögen und unsere heilige Ehre." Kann man sich ernsthaft vorstellen, dass die Europäer so etwas sagen würden? Die Deutschen wie die Griechen, die Finnen wie die Portugiesen ein einig Volk von Brüdern? Europäische Soldaten, die im Ernstfall bereit wären, für Lettland oder Estland zu sterben? Anders formuliert: wo bleibt der europäische Rütlischwur? So lange es auf diese Frage keine oder nur undeutliche Antworten gibt, wird die europäische Union wahrscheinlich ein Flickwerk bleiben, das ohne die biblische Idee einer *covenantal society* auskommen muss.

Reaktion auf Hannes Stein

ELISA KLAPHECK

EUROPA IST AUF DEM WEG ZUR „BUNDESGESELLSCHAFT“

Das politische Vermächtnis der Tora ist die Bildung einer „Bundesgesellschaft“ – egal, ob es sich um Israeliten, Schweizer, Angelsachsen oder eben Europäer handelt. In einer Bundesgesellschaft herrscht idealerweise kein Mensch über andere Menschen – nicht einmal Gott über sein Volk, sondern nur sein Gesetz, die Tora. Das läuft auf ein Gemeinwesen hinaus, in dem alle füreinander verantwortlich sind. Zusammengehalten wird das Gemeinwesen von der gegenseitigen Loyalität seiner Mitglieder und ihrer Bereitschaft, kraft des Gesetzes, der Tora, die allgemeinen Belange gemeinsam zu meistern.

So sehr Hannes Steins Darstellung zu folgen ist, unterschätzt er dennoch das Potential Europas, eine Bundesgesellschaft zu werden. Zwar machen die Europäer, statt sich in dem neuen politischen Rahmen der EU auskennen zu wollen, immer noch viel zu sehr ihren jeweiligen Nationalstaat zum Fetisch. Gerade der jüngste Streit um den Umgang mit Flüchtlingen vor Krieg und Terror führt die Uneinigkeit der europäischen Nationalstaaten vor Augen. Trotzdem haben die Völker Europas längst die Entwicklung zu einer „europäischen Bundesgesellschaft“ begonnen.

Denn ein „Bund“ – egal ob er am Sinai, auf dem Rütli oder in Philadelphia proklamiert wurde –, war nie nur das Ereignis eines spezifischen Tages. Ein Bund ist immer Teil eines *Prozesses*. Der offizielle Bundesschuss bildet dabei nur ein Durchgangsstadium, um weitere Entwicklungen zu ermöglichen, die den Bund inhaltlich verwirklichen. Im Bundesschluss spiegelt sich jeweils eine lange Entwicklung – vorher, zumeist aber nachher. Der Rütli-Schwur wurde erst im 19. Jahrhundert *nachträglich* ins Nationalbewusstsein der Schweizer verankert. Ähnlich wurde der Bund Gottes mit Israel erst *rückblickend* von der Tora auf einen bestimmten Tag X am Berg Sinai datiert. Von einem historisch (und nicht mythisch) verbürgten Bundesschluss berichten erst die Bücher *Esra* und *Nehemia* am *Ende* der Hebräischen Bibel. Nach der Rückkehr aus dem Babylonischen Exil schwor die Bevölkerung auf ein von Esra mitgebrachtes Exemplar der Tora (*Sefer Tora*). Man nimmt an, dass das erst die überlieferte Tora war, die unter seiner Redaktion ihre uns heute bekannte Textfassung erhielt.

Doch egal was man glaubt – ob Gott dereinst am Sinai einen vollständigen Text offenbarte, oder ob dieser Text über Jahrhunderte entstanden und in einem Redaktionsprozess zur Zeit von Esra zusammengestellt worden ist: Der am Berg Sinai von Gott proklamierte Bund war auch in der Hebräischen Bibel noch lange nicht Wirklichkeit. Im Buch *Richter* wird der langwierige und schmerzhafte Prozess beschrieben, *nachdem* die Kinder Israel das Land längst eingenommen hatten, aber die zwölf Stämme noch immer nicht zu der angestrebten „Willensnation" vereinigt waren.

Offenbar gelang dies erst unter den Königen Saul, David und Salomo. Die anschließenden Königsbücher beschreiben jedoch regelmäßige Rückfälle in den Götzendienst – bis hin zur Verherrlichung von goldenen Kälbern vor dem Heiligtum in Dan. Der Bund, den Gott seinem Volk am Sinai proklamiert hatte, blieb durch die Bibel hindurch brüchig.

Kann es sein, dass Gott etwas proklamiert, das aber deshalb noch nicht Wirklichkeit ist? Klar, Gott will den Bund mit den Menschen. Er erklärte ihn einseitig gegenüber Adam, ebenso einseitig gegenüber Noah und seinen Nachfahren und natürlich auch gegenüber Abraham. Doch erst mit Abraham bekamen die Bünde eine Aussicht auf Bestand. Woran liegt das? Was war bei Abraham anders? Warum waren die vorherigen, einseitig von Gott beschlossenen Bünde unzureichend?

In der Beantwortung dieser Frage liegt die Chance der Europäer. Es kommt nicht auf die Proklamation, auf das Pathos des Momentes an – sondern auf den *Prozess*. Und der muss mindestens genauso von den Menschen betrieben werden, wie Gott an ihm Anteil hat.

Was ist ein „Bund"? In der Wirklichkeit der Menschen hat ein „Bund" zwei Dimensionen. Zum einen, eine die Menschen übersteigende, in der sie – von Gott her gesehen – ihm gegenüber zu Gleichen werden.

Zum anderen aber auch eine weltliche, säkulare, von Menschen betriebene Seite. Der erste Mensch, der in der Bibel einen „Bund" mit einem anderen Menschen schließt, war Abraham. (Gen. 21,22ff) Das in dieser Geschichte verwendete Wort heißt *Brit* – es meint einen „Bund" im Sinne eines „Abkommens", wenn nicht sogar „Vertrag". Abrahams Bund mit dem Philisterkönig Abimelech war das Ergebnis einer Verhandlung um die Wassernutzungsrechte eines Brunnens. Hierum stritten sich die Hirten Abimelechs und die Hirten Abrahams. Nachdem die beiden Männer die Rechte geklärt hatten, schlossen sie einen *Brit* – einen Bund. Profan ging es um etwas Materielles. Doch die rabbinische Auslegung erkannte darin ein Friedensbündnis von messianischer Qualität. Deshalb habe Abraham am Ende dieser Geschichte eine Tamariske, als Sinnbild für den „Baum des Lebens“ im Garten Eden gepflanzt.

Mit einem Mann, der zu einem solchen Abkommen fähig war, schloss Gott seinen Bund, seinen *Brit* – und erst dieses Bündnis mit einem Menschen, der dafür sorgen kann, dass der Bund auch im Irdischen gedeckt wäre, sollte geschichtsmächtig werden. Das liegt an der säkularen Dimension. Abrahams „Vertrag“ mit Abimelech regelte zunächst diesseitig die materiellen Interessen zweier Gruppen – die Nutzung des Wassers. Aufgrund der Bereitschaft beider Vertragspartner, mit dem Interessensausgleich zugleich einen ernst gemeinten Frieden zu schließen, gerät der Vertrag in eine größere menschheitliche, messianische Dimension. Diese trifft sich mit Gottes Ansinnen, einen Bund mit den Menschen zu schließen. Doch die Reihenfolge besagt: Ein Bund, der nur von Gott proklamiert, aber noch nicht von den Menschen verhandelt wird, erlangt keine geschichtliche Wirklichkeit. Erst wenn Menschen handeln, verhandeln, Verträge abschließen, die zu Abkommen werden, kann Gott wirken. Aber auch dann noch bleibt der Bund zwischen Gott und den Menschen ein Prozess.

Es ist nicht zu weit hergeholt, den „europäischen Verträgen“ ein ähnliches Potential beizumessen. Es stimmt, dass es bislang keine europäische Proklamation, keinen „Schwur“ gegeben hat, wie der dereinst in der Geschichte von Abraham und Abimelech in Beer Schewa („Brunnen des Schwurs“). Als 2005 den Völkern Europas ein Entwurf für eine EU-Verfassung vorgelegt wurde, hätte dieser zu einer „europäischen Tora“ führen können, um bei Hannes Steins Formulierung zu bleiben, auf den die 27 „Stämme“, die Mitgliedsstaaten, hätten schwören können. Stattdessen löste die Aussicht, auf eine solche höhere Ebene zu gelangen, ein geradezu panisches Aufschrecken aus erstaunlichen Wissensdefiziten aus. Obwohl die Europäer auf dem Weg zu einer Bundesgesellschaft sind, mochten sie sich bis dahin mehrheitlich nicht für die Details ihres werdenden Gemeinwesens interessieren. Sie wähnten sich im eigenen Nationalstaat geborgen und mochten ihr Bewusstsein nicht für dessen Einbindung in ein größeres Bündnis erweitern. Die Referenden in den Niederlanden und Frankreich unterstrichen die Abwehr. Tatsächlich reicht der europäische Integrationsprozess noch nicht an das Niveau eines „Bundes" heran.

Statt einer Verfassung trat 2009 nur ein Vertrag in Kraft – der „Vertrag von Lissabon". Dieser besteht zwar aus verfassungstypischen Inhalten, ist aber eben formal nur ein „Vertrag". Darüber sollte man jedoch nicht verzagen. Die Europäer sind trotzdem auf dem Weg, eine „Willensnation" zu werden. So geschah etwa die Einrichtung von Rettungsschirmen und Hilfspaketen im Wissen um die gegenseitige Abhängigkeit und bewies eine gegenseitige Loyalität. Trotz des Medienhypes, der die EU-Gremien als öffentliche Arena für politischen Unterhaltungskampf darstellte, waltete im Konflikt um Griechenlands Staatshaushalt ein durchgängiger politischer Wille, sich zusammenzuraufen und das Land am Ende mit Hilfspaketen zu unterstützen.

Die Entwicklung zur Bundesgesellschaft verläuft übrigens mit erstaunlich ähnlichen Phänomenen wie in der Bibel. Dass es im Vertrag von Lissabon keine Möglichkeit gibt, einen Mitgliedsstaat auszuschließen, folgt dem Bundesmuster der zwölf Stämme Israels. Im Buch *Richter* lesen wir, wie zwar ein einzelner Stamm für seine Missetaten bestraft wird (Benjamin), nicht aber grundsätzlich aus dem Bündnis ausgestoßen werden kann. Später brach die israelitische Willensnation trotzdem in ein „Nordreich" (Israel) und ein „Südreich" (Judäa) auseinander. Das erinnert uns an die Kluft zwischen dem Norden und dem Süden Europas. Es herrschen unterschiedliche wirtschaftspolitische Mentalitäten in Ländern wie Deutschland, den Niederlanden oder Schweden im „Norden" – und Frankreich, Italien und Spanien im „Süden". Doch so sehr der europäische Integrationsprozess immer auch als gemeinsames Wirtschaftsprojekt angelegt war, ließen die Mitgliedsstaaten darüber das Zusammenwachsen zur Bundesgesellschaft nicht auseinander brechen. Der Prozess geht weiter – nach der Griechenlandkrise stellen die Hunderttausende von Flüchtlingen aus arabischen Staaten die nächste Herausforderung für ein alle Mitgliedsstaaten gleich verpflichtendes Abkommen.

Unterdessen zeigten die Deutschen eine bis dato unbekannte Hilfsbereitschaft gegenüber den Flüchtlingen aus arabischen Bürgerkriegsländern. Mag sein, dass sich manches Verhalten als fatale Naivität herausstellen wird. Die Gemeinwesen-bildenden Kräfte der Gesellschaft sind aktiv wie selten zuvor – und gleichzeitig gewillt, den Neuankömmlingen schnellstens die demokratischen Werte zu lehren.

Hoffentlich wird den Flüchtlingen ausreichend klar werden, dass die demokratischen Werte, die Deutschland zu einem erstrebenswerten Land gemacht haben, entscheidend von der politischen Tradition des Judentums mitgeprägt sind. Und hoffentlich wird die Begegnung mit dieser Wahrheit zu einer grundsätzlich positiven Einstellung der arabischen Flüchtlinge gegenüber Juden und vor allem Israel als der bislang einzigen funktionierenden Demokratie im Nahen Osten führen.

Unabhängig davon: Auch wenn Europa noch keine Bundesgesellschaft ist – ist die EU trotzdem auf dem Weg, eine solche zu werden. Doch bis zum heiligen Bundesschluss bleibt es beim

Aushandeln von Verträgen – was nichts Schlechtes ist, vielleicht sogar besser als ein ungedecktes Pathos eines vorschnellen Schwurs. Möglicherweise erkennen wir ohnehin erst im Rückblick, welcher Vertragsabschluss es war, der sich zum Bund mit Gott erhöhte und die Europäer auf alle Zeit zusammenschweißt.

Stephan J. Kramer hat von 2004 bis 2014 als Generalsekretär des Zentralrates der Juden in Deutschland *und als Leiter des Berliner Büros des* European Jewish Congress *das politische jüdische Leben in Deutschland mitgestaltet. Seine Laufbahn in den jüdischen Verbänden begann er nach dem Studium der Rechtswissenschaften, Volkswirtschaft und Sozialer Arbeit sowie einigen Stationen in Abgeordnetenbüros des Deutschen Bundestages, 1995 zunächst als Mitarbeiter der* Jewish Claims Conference, *bis ihn Charlotte Knobloch entdeckte und Ignatz Bubis ihn 1998 zu seinem persönlichen Referenten machte. In den Jahren seiner jüdischen Verbandsarbeit war Kramer bekannt für kontroverse Statements nicht nur in der Öffentlichkeit. Er ist unter anderem Mitglied der* Deutschen Gesellschaft für Auswärtige Politik *und der* Deutschen Atlantischen Gesellschaft. *Außerdem war er fast zehn Jahre lang ständiger Gast im Beirat für Fragen der Inneren Führung der Bundeswehr beim* Bundesministerium der Verteidigung. *Heute wirkt er mit bei der Ausbildung von Marineoffizieren und engagiert sich stark auf dem Gebiet der Demokratieerziehung in Schulen, darunter in der Initiative „Schule ohne Rassismus" und „GG-19". Seit Dezember 2015 ist Stephan J. Kramer Verfassungsschutzpräsident von Thüringen.*

In dem nachfolgenden Aufsatz reflektiert er die politische Kultur des jüdischen Lebens in Deutschland.

Stephan J. Kramer

JÜDISCHE POLITIK – und die Pflicht zu bürgerschaftlichem Engagement

POLITIK IN DER BIBEL

In seinen *Ratschlägen für einen schlechten Redner* schrieb Kurt Tucholsky: „Fang immer bei den alten Römern an und gib stets, wovon du auch sprichst, die geschichtlichen Hintergründe der Sache." Auch wenn Tucholskys Ratschläge persönlich wie beruflich zu meinen Lieblingswerken gehören, zögere ich nicht, beim Thema „Juden in der Politik" zwar nicht zu den alten Römern, wohl aber zu den alten Hebräern zurückzugehen. Das allerdings aus triftigem Grund, denn ohne die historischen Wurzeln lässt sich das Thema nun einmal nicht behandeln.

Von Anfang an waren die Juden eine hochpolitische Nation. Schon das biblische Narrativ strotzt vor Politik. In ihren Staaten, dem vereinigten Königreich Davids und Salomons, den Königreichen Judäa und Israel oder später dem Hasmonäerstaat, wurde, nicht anders als anderswo, Politik gemacht. In der späteren rabbinischen Exegese wurden ebenfalls zahlreiche politisch relevante Themen behandelt. Zudem unterliegen Juden dem Gebot des *Tikkun Olam*, der Verbesserung der Welt durch aktives Handeln: nach heutigen Begriffen ein durch und durch politisches, vor allem zivilgesellschaftliches Anliegen. Politik gehört zum jüdischen Selbstverständnis, ist Teil des jüdischen Denkens, ja der jüdischen Identität.

UNGEHORSAM

Politisches Handeln impliziert aus meiner Sicht immer auch eine Haltung des konstruktiven Ungehorsams – das heißt die Realität aus verschiedenen Blickwinkeln zu betrachten und sie besser, was unter Umständen auch anders als von der Mehrheitsmeinung vorgegeben bedeutet, gestalten zu wollen. Widerstand gegen Gott wird heute von einer Reihe jüdischer Denker als wichtiger Baustein der politischen Tradition des Judentums angesehen. Der israelische Autor Omri Boehm hat in seinem Buch *The Binding of Isaac: A Religious Model of Disobedience* (2007) dargelegt, dass Gott den Widerstand Abrahams brauchte, damit die jüdische Religion zugleich eine ethische Weltanschauung werden konnte. Elisa Klapheck hat in der ersten Ausgabe von MACHLOKET | STREITSCHRIFTEN die in der Paradiesgeschichte erzählte Begegnung der Menschen mit der Schlange und den dadurch entstehenden Konflikt mit Gott, als den Anstoß zur religiös-säkularen Entwicklung des Judentums gesehen.

Man muss aber nicht Jude sein, um die politische Tradition des Judentums auf sich beziehen zu können. Hans Erlers interessantes Buch *Judentum und Sozialdemokratie – Das antiautoritäre Fundament der SPD* (2009) erzeugt zwar kontroverse Reaktionen, sollte aber trotzdem als interessanter Beitrag eines Nichtjuden zur politischen Tradition des Judentums gesehen werden. Erler legt dar, dass die Bedeutung der politischen Tradition des Judentums weit über das Judentum hinausgeht und die Demokratiegeschichte mitbestimmt hat.

Auch er macht die Paradiesgeschichte zu seinem Ausgangspunkt. Konstruktiver Ungehorsam sei in der Bibel, ja sogar schon gegenüber Gottes erstem Gebot, „nicht vom Baum der Erkenntnis des Guten und Bösen zu essen“, konstitutiv für das jüdische Selbstverständnis. Die Bibel wolle die Geschichte von der Entstehung des Weltzusammenhangs und des menschlichen Lebens auf der Erde erzählen. Sie beziehe sich dabei auf eine Zeit, in der der Kosmos und das menschliche Leben schon seit Jahrmillionen bestanden haben. Längst wusste man um den Charakter des Menschen. Worum es ging, war, den bereits gemachten Erfahrungen einen Sinn zu geben. Erler führt dabei eine Fülle von Querbezügen zu modernen jüdischen Denkern auf, zum Beispiel Hannah Arendt. Arendt sah einen Unterschied zwischen „Sinn“ und „Wahrheit“: „Die Vernunft ist nicht auf der Suche nach Wahrheit, sondern nach Sinn. Und Wahrheit und Sinn sind nicht dasselbe.“ Dem entsprechend gehe es auch in der Tora in erster Linie um den Sinn, den sie dem menschlichen Leben zuschreiben will. Er mache jüdische Religiosität und das spezifische jüdische Denken aus. Wenn Judentum stört, irritiert und provoziert, auf Ablehnung stößt und es sogar tödlichen Angriffen ausgesetzt ist, geschehe dies wegen des Sinns, den es lebt. Hieraus ergebe sich die „Aktualität des Judentums“.

Das Gebot, nicht vom Baum der Erkenntnis zu essen, erweise sich, wie Erler schreibt, bei unvoreingenommener Analyse nicht als Verbot, sondern als Herausforderung. Ihm nicht zu gehorchen sei kein Sündenfall gewesen, sondern ein Glücksfall für die Menschengeschichte schlechthin. Das erste Paar habe die Lust an der eigenen Erkenntnis von Gut und Böse sowie die Liebe, die in der hebräischen Sprache ein Erkennen der anderen Person ist, über den Gehorsam gegenüber Gott gestellt – also über eine Autorität, von der das erste Paar nicht mehr wusste als das Verbot, sich Erkenntnisfähigkeit anzueignen. Dass das erste Paar nicht gehorcht habe, war gut so. Gott habe es, wie Erler zuspitzend meint, nicht anders gesehen. Die Aktualität des

Judentums sei eben die Negation des Paradieses als einem nostalgischen Bezugsrahmen für unser Denken. Stattdessen entstand aus der Lust an der Erkenntnis von Gut und Böse und der Liebe eine Dialektik von Freiheit, Ungehorsam und Dialog mit Gott, die das jüdische Denken bis heute bestimmt. In der Tora zog diese Freiheit zwar die Austreibung aus dem Paradies nach sich, eröffnete aber gerade damit auch die Geschichte der Menschheit unter dem Signum von Erkenntnis und Liebe – den Eintritt in eine Welt, die im Prinzip, wie Gott selbst gesagt hat, „sehr gut" ist.

Der Gehorsam einfordernde Gott wäre monologisch geblieben. Der Ungehorsam aufbietende Mensch machte Gott dialogisch. Gott hätte als Gesprächspartner keine Chance gehabt und im Menschen keinen Gesprächspartner gefunden, wenn es nicht den Akt des Ungehorsams gegeben hätte.

Sich im Paradies dem Gebot Gottes, nicht vom Baum der Erkenntnis des Guten und Bösen zu essen, widersetzt zu haben, war keine Entscheidung unmittelbar für das Böse oder unmittelbar für das Gute – sondern eine Entscheidung für die *Erkenntnis* von Gut und Böse und die Liebe. Die Geschichte von Adams Ungehorsam beschreibe also keinen Sündenfall (christlich) und kein Lehrstück für den gebotenen Gehorsam Gott gegenüber, wie Erler darlegt. Sie sei vielmehr Ausdruck der vom jüdischen Denken her gewollten Selbstherrschaft – der Souveränität und Autonomie des Menschen. Die damit verbundene menschliche Bestimmung zum Ungehorsam gegenüber irrationaler Herrschaft sowie die menschliche Fähigkeit zum Dialog gehören zur jüdischen Sinngebung menschlichen Lebens. Sie prägte die Werke bedeutender jüdischer Denker wie Leo Baeck, Martin Buber, Theodor W. Adorno oder Hannah Arendt.

An der – nur scheinbar irreführenden – Prüfung durch die Schlange habe sich die christliche Theologie abgearbeitet und sei der Überführung billig gefolgt: Ungehorsam aus Freiheit, Autonomie aufgrund des Willens zur Erkenntnis und Liebe mussten auf diesem Weg über die Jahrhunderte hinweg durch das Christentum bekämpft werden. Auch der demokratische Gedanke verdanke sich der Dialogik des Ungehorsams. Die biblische Erzählung habe uns als freie Menschen postuliert. Der Weg der Menschheit aus autokratischen, politischen und gesellschaftlichen Herrschaftsstrukturen in die rechtsstaatlich-freiheitlichen Verfassungsstaaten der Gegenwart, hätte ohne das jüdisch-biblische Fundament nicht stattgefunden.

JÜDISCHE POLITIK IN DER GESCHICHTE

Zugegeben: Die Realität der politischen Tradition des Judentums war nie eine ungebrochene. Nach dem Ende antiker jüdischer Staatlichkeit blieb Juden – ob im Römischen Reich, ob unter Christen oder Arabern – jahrhundertelang ein aktives politisches Engagement weitestgehend versagt. Damit wurden sie jedoch nicht unpolitisch. Auch für das Überleben brauchte man geschärfte politische Instinkte. Die fast 2000-jährige Verfolgungsgeschichte bis zur Vernichtung des europäischen Judentums machten es allerdings unmöglich, unbefangen an einer jüdisch-politischen Tradition des Ungehorsams anzuknüpfen.

„Jüdische Politik" speiste sich aus einer anderen historischen Erfahrung. Als disqualifizierte und damit diskriminierte Minderheit mussten Juden auf politischem Gebiet den Nukleus ihrer Tradition verleugnen. Er konnte nur bedingt zur Geltung kommen, etwa in der Moderne als Sozialismus der Sozialdemokratie. Seine Strategie musste apologetisch-defensiv sein. Politik aber ist offensiv, das Defensive ist ihre Taktik. Zur Politik des Überlebens gehörte es, sich mit den Mächtigen zu arrangieren. Nur so ließ sich die eigene Existenz und Identität wahren. Es war eine Politik der Machtlosigkeit.

Als Juden in der Moderne gleiche Rechte erhielten und politisch aktiv werden konnten, taten sie dies sowohl im jüdischen Rahmen, also als „jüdische Politik", als auch darüber hinaus im allgemeinen politischen Leben des jeweiligen Staates, in dem sie lebten.

Unter „jüdischer Politik" verstehe ich zunächst nur politische Aktivitäten, die dem Schutz jüdischer Interessen und der Förderung des Wohlergehens der jüdischen Gemeinschaft dienen.

Die „jüdische Politik" gelangte jedoch nie zum vollen Potential der politischen Tradition des Judentums. Vielleicht lag dies auch an der „politischen Philanthropie" des 19. und 20. Jahrhunderts. Vermögende und einflussreiche Juden hatten immer schon zugunsten ihrer Glaubensbrüder interveniert. Mit der allmählichen Befreiung der Juden vom mittelalterlichen Joch, erhielten solche Versuche mehr Gewicht und die Mäzene konnten offener und selbstsicherer handeln. Das stärkte die Wohlfahrt der jüdischen Gemeinschaft.

Ich nenne hier drei historische Beispiele: Der Unternehmer Maurice de Hirsch, 1831 in München als Kind einer geadelten jüdischen Bankier-Familie zur Welt gekommen und selbst hoch erfolgreich, gehörte zu den reichsten Menschen in Europa und war zugleich ein durchaus politischer, ein führender

Philanthrop. Unter anderem förderte er die Ansiedlung russischer Juden in Argentinien, anderen lateinamerikanischen Ländern und in Kanada. Ziel war es, sie durch Auswanderung vor der Verfolgung im zaristischen Reich zu schützen. Unermüdlichen Einsatz für jüdische Belange zeigte auch der britische Unternehmer Moses Montefiore. Unter anderem baute er 1860 das erste Jerusalemer Wohnviertel außerhalb der Altstadtmauern. Damit gab er das Signal zu einer historisch entscheidenden Expansion der Heiligen Stadt – mit Sicherheit kein unpolitisches Ereignis. Auch Edmond de Rothschild, Jahrgang 1845, Mitglied des französischen Zweigs der Familie, war ein überzeugter Zionist und maßgeblich an der Entwicklung des vorstaatlichen jüdischen Gemeinwesens in Israel beteiligt.

Doch nicht immer trugen die politischen Philanthropen zugleich zur demokratischen Kultur der jüdischen Tradition bei. Das Modell des politischen Philanthropen ist heute vor allem in den USA präsent. Dort wird es beispielsweise vom Präsidenten des jüdischen Weltkongresses, Ronald S. Lauder, oder seinem nicht minder bekannten Vorgänger, dem verstorbenen Edgar Bronfman verkörpert. Sein Sohn Mathew Bronfman setzt die Familientradition fort und fördert zum Beispiel das *Limmud*-Programm in den Nachfolgestaaten der ehemaligen Sowjetunion. Eine Vielzahl anderer Mäzene müssten hier eigentlich noch genannt werden. Der Geldsegen und die Aktivitäten solcher Philanthropen sind zweifellos eine wichtige und oftmals existentielle Unterstützung. Die politische Kultur zum Ungehorsam unterstützen sie nach meinen Erfahrungen jedoch nur eher selten.

Der *Jüdische Weltkongress* ist ein Paradebeispiel für eine weitere Ausprägung jüdischer Politik: jüdische Organisationen. 1936 gegründet, versteht sich der *Jüdische Weltkongress* als der diplomatische Arm des jüdischen Volkes. Jüdische politische Organisationen gibt es aber fast überall. Es gibt Länder, in denen Dachorganisationen die Gesamtvertretung jüdischer Interessen wahrnehmen. Das klassische Beispiel ist der *Board of Deputies of British Jews*. In den USA ist es nie zur Gründung einer solchen Gesamtvertretung gekommen. Dort blüht eine dank der großen Zahl der Juden mögliche, vielfältige jüdische Organisationslandschaft. Von den dortigen Organisationen sind in Deutschland die *Anti-Defamation League*, das *American Jewish Joint Distribution Committee*, kurz „Joint" genannt und vor allem das *American Jewish Committee* (AJC), aber auch die *Bnai Brith International* bekannt und sogar tätig.

Zwar nicht in Deutschland, wohl aber auf europäischer Ebene kämpft die jüdisch-politische Kultur jedoch teilweise mit Mäzenen und Oligarchen. Manche sind dabei, ganze Verbände, wie etwa den *European Jewish Congress* oder den *European Council of Jewish Communities*, zu übernehmen und für ihre Interessen zu instrumentalisieren. Es stellt sich deshalb für mich und manch anderen im jüdischen Verbandsleben aktiven Juden die Frage, ob zu lange die politische Kultur des Ungehorsams zugunsten eines zu starken Vertrauens in Mäzene vernachlässigt wurde, so dass diesem Phänomen im jüdischen Leben kaum politische Aufmerksamkeit gewidmet wird.

Um der Wahrheit gerecht zu werden, muss man allerdings auch sagen, dass viele jüdische Organisationen sowohl jüdische Belange nach außen vertreten als auch maßgeblich auf die Stärkung innerjüdischer Strukturen hinwirken. Eine solche Vertretung sind der *Zentralrat der Juden in Deutschland* sowie die *Zentralwohlfahrtsstelle*. Der Zentralrat ist übrigens die erste freiwillig gesamtrepräsentative jüdische Organisation in diesem Land. Ich sage „freiwillig", weil es unter der NS-Diktatur zu der durch Verfolgung erzwungenen Gründung einer jüdischen Gesamtorganisation kam, die aber nicht einmal ihren Namen frei wählen durfte, auf Befehl der Nazis zuletzt *Reichsvereinigung der Juden in Deutschland* hieß und zu einem Verwaltungsorgan degradiert wurde.

In Osteuropa gab es auch eigene jüdische Parteien, wobei Vorkriegspolen – das Land mit der größten jüdischen Bevölkerung in Europa – die wichtigste, aber nicht die einzige Bühne bildete. Dort waren alle Richtungen vertreten, von den auf Integration ohne Assimilation bedachten Sozialisten des *Algemeynen Yidishen Arbeter Bunds*, über eine Reihe zionistischer Parteien, bis hin zu der ultraorthodoxen *Agudat Israel*. Im Westen waren solche Parteien allenfalls eine Randerscheinung. Die jüdischen Parteien in Osteuropa wurden während des Holocausts ausgelöscht, doch legten sie den Grundstein für das Parteiensystem des Staates Israel. In diesem blüht das politische Leben, wie man weiß, auf höchst intensive Weise, vielfältig, stets leidenschaftlich und meistens reich an Kontroversen.

Damit sind wir auch schon bei dem wohl größten Erfolg jüdischer Politik: der Schaffung des Staates Israel durch die zionistische Bewegung. Diese hatte die traditionelle religiöse Zionssehnsucht durch den politischen Zionismus ersetzt und konnte nach langen Kämpfen auf der politischen und diplomatischen Bühne den jahrtausendealten Traum Wirklichkeit werden lassen. Eine Selbstverständlichkeit war das nicht und die Existenz des Staates Israel wird leider bis heute immer noch infrage gestellt.

JUDEN IN DER ALLGEMEINEN POLITIK

Neben der „jüdischen Politik" entwickelte sich seit der Emanzipation auch die Teilnahme von Juden an der allgemeinen Politik ihrer Länder. Es war eine Entwicklung, die nicht überall gleich schnell und gleich erfolgreich verlief, aber wohl überall, von antijüdischen Ressentiments der nichtjüdischen Bevölkerung begleitet wurde.

Das Beispiel des 1922 von antisemitischen Attentätern ermordeten Reichsaußenministers Walther Rathenau war da nur ein extremer, in seiner Hassmotivation aber erschreckend vorhersehbarer Vorfall. In der Regel wurde Juden der Zugang zu hohen politischen Posten noch lange nach der formalen Gleichstellung mit Nichtjuden verwehrt. Der oft als ein Beispiel für jüdische Politiker genannte britische Premierminister Benjamin Disraeli wurde zwar 1804 als Jude geboren, trat aber im Alter von zwölf Jahren zum Christentum über.

Die Milliband-Brüder, David und Ed, Politiker der Labour-Party, hatten es da einfacher. Sie mussten ihre Identität als Juden und Söhne jüdischer Immigranten nicht verbergen. Bemerkenswert an ihren Karrieren war, dass sie 2010 gegeneinander bei der Wahl des Parteivorsitzenden antraten, wobei Ed knapp siegte. Alles das hatte aber nichts mit ihrem Jude-Sein zu tun.

In Frankreich sind Juden seit Jahrzehnten ein integraler Teil der politischen Szene. Es gab verschiedene jüdische Ministerpräsidenten. Von Juni 1936 bis Juni 1937 führte Leon Blum das Kabinett. Auch 1938 und 1947 war er – wenngleich nur für jeweils einige Wochen – Regierungschef. Pierre Mendes-France, Abkömmling einer portugiesisch-jüdischen Familie, bekleidete von Juni 1956 bis Februar 1957 das Amt des Premiers. Als weitere herausragende jüdische Politiker sind die Auschwitz-Überlebende und Ex-Gesundheitsministerin Simone Weil sowie Ex-Justizminister Robert Badinter zu nennen.

Keinen jüdischen Präsidenten gab es bisher in den USA. Nur einmal kandidierte ein Jude, Joe Lieberman, als Running Mate von Al Gore für das Amt des Vizepräsidenten, wenngleich erfolglos. Dafür sind Juden prominent im US-Kongress vertreten und bekleiden wichtige Regierungsposten. Erfreulich, historisch gesehen auch bemerkenswert, ist die Tatsache, dass ihr Judentum für ihre politischen Karrieren in aller Regel keine Rolle spielt, auch dann nicht, wenn es vermerkt wird.

DAS JÜDISCHE FUNDAMENT DER SPD

Gerade weil sich zunehmend zeigt, dass jüdische Politiker keine Nachteile aufgrund ihrer Herkunft zu befürchten haben, sollte es heute in stärkerem Maße möglich werden, über die Bedeutung des Judentums als politische Motivation zu sprechen. In Deutschland treffen wir da jedoch auf eine eigentümliche Diskrepanz. Schauen wir auf die SPD und verweisen noch einmal auf Hans Erlers *Judentum und Sozialdemokratie*. Obwohl Erler selbst kein Jude ist, vertritt er bewusst jüdische Positionen. Er schreibt als Sozialdemokrat, sein Publikum sind primär die SPD-Mitglieder und nicht die Mitglieder der jüdischen Gemeinden. Er will mit seinem Buch aufzeigen, dass die SPD auf einem jüdischen Fundament steht, eine jüdische Tradition hat – nicht nur aus historischen Gründen, weil in ihren Anfängen viele Gründungsväter und -mütter Juden und Jüdinnen waren, sondern auch weil die Idee der Sozialdemokratie im Wesentlichen der jüdischen politischen Tradition entstammt.

Interessanterweise sind uns heute vor allem aber solche jüdischen Sozialisten bekannt, die ihre jüdische Identität ganz bewusst ablehnten, wie etwa Ferdinand Lassalle, Eduard Bernstein oder Rosa Luxemburg. Demgegenüber bleibt der Vater der deutschen Sozialdemokratie, nämlich Moses Hess, zumeist unerwähnt. Gerade er aber hatte die Beziehung zum Judentum nicht gekappt, sondern verstand sein politisches Engagement zugleich als jüdisches Engagement. Hess starb am 6. April 1875 in Paris und wurde auf eigenen Wunsch auf dem jüdischen Friedhof in Köln-Deutz zwischen den Gräbern seiner Familie beerdigt. 1903 fügten die Kölner Sozialdemokraten die Inschrift „Vater der deutschen Sozialdemokratie“ hinzu. Hess war von seinen Großeltern orthodox-jüdisch erzogen worden. Der Titel seines Erstlingswerks *Die heilige Familie der Menschheit* (1837) war als Spitze gegen das Christentum gerichtet. Seine heilige Familie war nicht die des Neuen Testamentes, sondern die Menschheit. Hess lebte in einer einheitlich konzipierten Weltanschauung, deren Grundlage das Jerusalem der mosaischen Gemeinschaft war und deren Ziel das neue Jerusalem der sozialen Menschen sein sollte. Mit diesem Ansatz wurde Hess unbestritten zum ersten philosophischen und publizistischen Vertreter des gesellschaftskritischen Kommunismus in Deutschland. In *Mein Messiasglaube* schrieb Hess: „Religion, Philosophie und Politik lassen mich kalt, wenn sie die Lage der arbeitenden Klasse nicht durch Institutionen verbessern helfen, welche jedem Kastengeist, jeder Klassenherrschaft ein Ende macht. Das Judentum kennt aber keinen Kastengeist und keine Klassenherrschaft. Der Geist des Judentums ist ein sozialdemokratischer von Haus aus.“

Hess überzeugte Friedrich Engels von seinen Ideen. Ursprünglich standen die Namen Moses Hess, Friedrich Engels und auch Karl Marx gleichwertig nebeneinander. Hess erhob jedoch Einspruch gegen die Revolutionsbestrebungen der beiden anderen. Er glaubte, wie sein Biograph Edmund Silberner hervorhebt, „dass in einer demokratischen Republik alle sozialen Reformen allmählich und ohne Bürgerkrieg durchgeführt werden könnten. Als Voraussetzung dafür betrachtete er eine gut organisierte Arbeiterbewegung". Sein politisches Freiheitsverständnis stand in einem Horizont, das – ohne Bürgerkrieg und Revolution – eindeutig jüdisch motiviert war. Vielleicht ist das ein Grund, warum sein Name heute nur selten erwähnt wird. Es würde dann nämlich zugleich der jüdische Anteil seines Denkens zum Vorschein kommen.

Indem Hans Erler auf Moses Hess und andere jüdische Vordenker der Sozialdemokratie verweist, schreibt er gegen den drohenden Traditionsverlust seiner Partei. „Indem sie ihren Begründungshorizont vernachlässige, produziere sie gerade nicht mehr die Kultur des konstruktiven, politischen Ungehorsams", meint Erler. „Der Nebel über den Gründen ziehe eine fraglose Angepasstheit nach sich", so Erler abschließend.

PARADIGMENWECHSEL

Ich frage mich, ob sich in Erlers Kritik gegen das Desinteresse für die jüdischen Ursprünge der SPD auch eine Entwicklung im jüdisch-politischen Engagement spiegelt. Leider klafft eine wachsende Lücke zwischen dem politischen Anspruch der jüdischen

Tradition und der Präsenz jüdischer Politiker in Deutschland. Auch innerjüdisch ist dies zu sehen. Das liegt jedoch nicht an der Schoa. Es liegt vielmehr an dem Übergang, in dem sich die jüdische Gemeinschaft heute befindet und einem damit verbundenen politischen Paradigmenwechsel. Zu diesem Paradigmenwechsel gehört, dass wir uns als Juden schon seit Längerem nicht mehr als Opfer einer überwiegenden Tätergesellschaft gegenübergestellt sehen können.

Trauen wir uns diesen Paradigmenwechsel und alles, was er für unser jüdisch-politisches Bewusstsein bedeutet, zu?

Ich beobachte mit Sorge, dass sich allein zahlenmäßig noch vor einigen Jahren sehr viel mehr Vertreter der jüngeren Generation in den Gemeindevorständen und im Zentralrat engagierten. Es will mir scheinen, dass die jüngere Generation zunehmend weniger an der politischen Tradition des Ungehorsams anknüpft.

Auch erinnere ich mich, wie ich zum Beispiel vor einigen Jahren als Generalsekretär des Zentralrats der Juden in Deutschland versucht habe, eine Plattform für jüdische Politiker, quer durch alle demokratischen Parteien, zu errichten. Tatsächlich sind in allen demokratischen Parteien Deutschlands auch Juden aktiv. Wir wollten damals regelmäßige Treffen einführen, damit man sich gerade auch in zentralen jüdischen Belangen, wie beispielsweise der Beschneidungsdebatte oder der immer aktuellen Debatte um den Staat Israel und die Konflikte im Nahen Osten, austauschen – vielleicht sogar absprechen – kann. Zu meiner großen Überraschung war die Resonanz eher spärlich. Mehrfach haben wir versucht, die politisch aktiven Juden zu animieren sich untereinander zu vernetzen, wobei der Zentralrat nur den Rahmen bieten wollte. Sie sind jedoch unserer Einladung nicht gefolgt.

Wenn ich versuche, eine Erklärung dafür zu finden, drängen sich zwei Vermutungen auf: Zum einen hatte man ein ambivalentes Gefühl gegenüber dem Zentralrat, als der zu diesen Gesprächen einladenden Institution. Man befürchtete wahrscheinlich eine Bevormundung und Instrumentalisierung. Dabei war das überhaupt nicht unsere Absicht. Trotzdem kann ich die Ambivalenz und schließlich Distanzierung Einzelner verstehen. Zum anderen habe ich immer wieder die Erfahrung gemacht, dass Juden, die sich heute politisch in Parteien engagieren, ihre jüdische Identität in dieser politischen Funktion herunterspielen. Ihre Jüdischkeit soll keine Rolle spielen, es soll vielmehr klar sein, dass sie ihr Mandat unabhängig von ihrer jüdischen Herkunft erkämpft haben und sie sich deshalb in erster Linie für allgemeine Belange einsetzen. Das ist schade, zumal die Mehrheit der jüdischen Abgeordneten in deutschen Parlamenten oder in anderen politischen Positionen ihr Mandat erhalten haben, gerade auch weil sie Juden sind. Darüber sollte sich niemand selbst täuschen. Das ist auch kein Makel. Ganz im Gegenteil. Es soll sich ja in den Parlamenten die Vielfalt der Gesellschaft abbilden – da gehören wir Juden einfach dazu und bringen überdies noch eine politische Tradition mit, die unsere Demokratie in Deutschland, ja in Europa, besonders bereichert und teilweise sogar mit dringend notwendigem, neuen Leben erfüllt hat. Trotzdem herrscht große Zurückhaltung, wenn es um die jüdische Motivation geht. Sicherlich ist dies auch historisch begründet, mit Blick auf die Schoa. Diese Zurückhaltung, so viele Erfahrungen und Gründe auch dafür sprechen mögen, bremst aber leider auch das Bewusstsein für die jüdisch-politische Tradition in der Demokratie.

Das gilt übrigens auch für die jüdische Politik in ganz Europa. Sie ist weiterhin von der Defensive als dem zentralen Moment der Überlebensstrategie bestimmt. Gerade die zweite und dritte Generation nach der Schoa ist oftmals dazu erzogen worden, sich als Juden vorsichtig zu verhalten und die jüdische Identität nicht öffentlich herauszustellen. Wie gesagt, eine allzu natürliche Reaktion auf dieses Trauma. Dass die Zahl der jüngeren Juden, die bereit sind, sich in den Gemeinden und im Zentralrat zu engagieren, abnimmt, steht meiner Ansicht nach in einem inneren Zusammenhang mit diesem Prinzip der anerzogenen Defensive und dem fehlenden Mut zum Ungehorsam überhaupt – sowohl innerjüdisch als auch nach außen.

Bei der ersten Generation der Überlebenden der Schoa war dies teilweise noch sehr anders. Da gab es viele – mir fällt spontan mein Freund Hans Frankenthal sel. A. ein – die kein Blatt vor den Mund nahmen – und politisch gesehen einen jüdischen Ungehorsam repräsentierten. Ein Mann wie Heinz Galinski sel. A. sagte einmal über sich selbst:

„Ich weiß, ich bin kein Bequemer. Aber bin ich denn deshalb ein Unbequemer, weil ich mit Selbstverständlichkeit meine Rechte und erst recht meine Pflichten als Bürger dieses Landes in Anspruch nehme? Bin ich deshalb ein Unbequemer, weil ich mich so kompromisslos für Demokratie und Freiheit einsetze? Bin ich deshalb ein Unbequemer, weil ich mich so energisch gegen all diejenigen wende, die aus der Vergangenheit nichts gelernt haben und auch nichts lernen wollen? Wenn das die Gründe sind, bin ich gerne unbequem!"

Den Mut, die eigene Position und die eigenen Interessen offen zu vertreten und dann auch beherzt als Jude auf dem politischen Feld zuzupacken, gehörte ebenso zum Verhalten eines Ignatz Bubis sel. A., eines Paul Spiegel sel. A. oder einer Charlotte Knobloch. Dabei haben sie sich stets nicht nur als Anwälte jüdischer Interessen verstanden, sondern darüber hinaus auch bei großen und kleinen gesellschaftspolitischen Debatten mitgeredet und diese nicht selten maßgeblich mitgeprägt – etwa zu sozialen Fragen, wie Altersarmut, dem Asylrecht und Zuwanderung, Umgang mit Gewalt in Familien, oder etwa der Frage eines gesunden Patriotismus für Deutschland, um nur einige Themen zu nennen. Tatsächlich gibt es für die jüdische Politik weitaus mehr Themen und Betätigungsfelder als man auf den ersten Blick denkt. Ich selbst habe zum Beispiel unter Rita Süssmuth in der damaligen Zuwanderungskommission des Bundestages für den Zentralrat mitgearbeitet. Mir wurde dabei wieder einmal deutlich, dass sich jüdische Politik nicht nur auf primär jüdische Interessengebiete erstrecken sollte.

JÜDISCH-POLITISCHES SELBSTBEWUSSTSEIN IN DER BUNDESREPUBLIK DEUTSCHLAND

Von heute aus gesehen erstaunt die vergleichsweise große Zahl von Juden, die nach dem Zweiten Weltkrieg an der jüdisch-politischen Tradition anknüpften. So gab es eine Reihe von jüdischen Remigranten – deutsche Juden, die aus dem Exil zurückkehrten und die Bundesrepublik Deutschland aktiv politisch mitgestalteten. Zugleich waren sie auch in den jüdischen Gemeindeparlamenten aktiv. Herausragende jüdische Politiker waren beispielsweise Herbert Weichmann (SPD), der 1965 bis 1971 Erster Bürgermeister von Hamburg war, Josef Neuberger (SPD), Justizminister von Nordrhein-Westfalen, oder die KZ-Überlebende und Berliner Stadtverordnete sowie Bundestagsabgeordnete Jeanette Wolff (SPD).

In jüngster Zeit sehen wir durchaus eine Fortsetzung der jüdisch-politischen Tradition. Der heutige Frankfurter Oberbürgermeister, Peter Feldmann, saß vor nicht allzu langer Zeit im Gemeinderat der Jüdischen Gemeinde. Als aktives SPD-Mitglied hatte er zugleich den Arbeitskreis jüdischer Sozialdemokratinnen und Sozialdemokraten mitgegründet. Vor und nach der Wiedervereinigung engagierte sich der unvergessene Gemeindevorsitzende und Präsident des Zentralrates, Ignatz Bubis sel. A., in der FDP und wurde Frankfurter Stadtdezernent. In den 1990-er Jahren war Michel Friedman, ehemaliger Vizepräsident des Zentralrats der Juden und Präsident des Europäischen Jüdischen Kongresses, zugleich Mitglied des Bundesvorstandes der CDU. Daniel Cohn-Bendit war bei Bündnis 90/Die Grünen aktiv, Micha Brumlik saß für die Frankfurter Grünen im Römer.

Es gibt noch weitere Persönlichkeiten, die sich als Juden sowohl in der jüdischen Gemeinschaft als auch in der allgemeinen Politik engagiert haben, darunter: Arno Hamburger sel. A. (SPD, Nürnberg), Petro Becerra (SPD, Delmenhorst), Moritz Neumann (SPD, Darmstadt), Marian Offmann (CSU, München), Susanne Thaler sel. A. (FDP, Berlin), Achim Doerfer (FDP, Göttingen), Andreas Wankum (CDU, Hamburg), Dimitri Golodini (CDU/JU, Berlin), Sergey Lagodinsky (Die Grünen, Berlin) – und nicht zuletzt Marina Weisband, die bis 2012 politische Geschäftsführerin und Mitglied des Bundesvorstands der Piratenpartei war und zugleich auch bewusst als Jüdin auftrat. Sie alle repräsentieren auf ihre eigene Weise, wie jüdische Belange zugleich allgemeine Belange der demokratischen Gesellschaft sein können. Es geht bei ihnen nicht nur darum, dass sie sich politisch engagieren und zufällig auch Juden sind. Es geht darum, dass sie *als Juden*, das heißt von der politischen Tradition des Judentums her kommend, die allgemeine Politik mitgestalten.

Trotzdem hält sich Letzteres in Grenzen. Das liegt nicht unbedingt nur an der aus bekannten historischen Gründen überschaubaren Größe der jüdischen Gemeinschaft. Es liegt an dem bereits angeführten Paradigmenwechsel, dem wir uns nicht verschließen sollten. Hierzu gehört es auch, der innerjüdischen Pluralität mehr Stimme zu verleihen. Ähnlich wie die demokratischen Parteien und andere zivilgesellschaftliche Kräfte immer dann stark sind, wenn sie intern debattieren und konstruktiv miteinander streiten, um so die relevanten gesellschaftlichen Themen zu reflektieren, sollten auch wir Juden unsere Themen mit Leidenschaft und Mut zum Querdenken diskutieren. Es wäre zum Beispiel gut, wenn im *Zentralrat der Juden* ein Raum geschaffen werden könnte, in dem wir unsere Kontroversen konstruktiv austragen können. Damit meine ich einen Raum, in dem Querdenker und auch Mindermeinungen frei zur Entfaltung gelangen können und so eine kreative Stimmung die besten Antworten auf die aktuellen Herausforderungen ermöglicht. Noch sind wir zu stark darauf fixiert, „mit einer Stimme" sprechen zu wollen und ersticken damit viele Diskussionen. Das kommt meines Erachtens aus einer zu defensiven Haltung heraus und einem oftmals fehlenden Selbstbewusstsein; wobei Selbstbewusstsein grundsätzlich nicht mit Überheblichkeit verwechselt werden sollte.

Wir schwächen jedoch unsere politische Position, wenn wir unsere Pluralität nicht stärken. Deshalb brauchen wir einen geschützten politischen Raum, um anhand unserer inneren Kontroversen über die Sinnhaftigkeit dieser oder jener Einstellung frei und unvoreingenommen diskutieren zu können und daran unsere jüdische Identität zu stärken. Der frühere Präsident des

Zentralrats der Juden, Dieter Graumann, umschrieb dies gerne so: „Wer die Einheit will, muss die Vielfalt suchen. Und wer die Vielfalt will, muss die Einheit suchen."

Die Auseinandersetzung wird durchaus geführt – allerdings nicht im Rahmen der jüdischen Verbandsstrukturen, sondern außerhalb. *Limmud* ist ein solches Forum der innerjüdischen Auseinandersetzung, ebenso *Paideia*, das jüdische Bildungsinstitut in Stockholm. Es sind Inseln der Unangepasstheit, die man sich eigentlich im öffentlichen jüdischen Leben wünscht. Aber vielleicht kann man sie nur außerhalb der Verbandsstrukturen erwarten. Mir fällt in diesem Zusammenhang das köstliche Buch *Who Moved My Cheese* von Spencer Johnson (deutsch: Die Mäusestrategie: Veränderungen erfolgreich begegnen) ein. Es beschreibt, metaphorisch wie Mäuse in einem Labyrinth gewöhnt sind, immer an derselben Stelle ein Stück Käse vorzufinden. Als eines Tages nicht das erwartete Stück Käse vorhanden ist, haben die Mäuse unterschiedliche Ansätze mit dieser Situation umzugehen. Eine Maus wartet ab und hofft, dass von selbst neuer Käse an derselben Stelle erscheinen wird. Sie verhungert nach wenigen Tagen. Eine andere überwindet ihre Angst und sucht woanders im Labyrinth, durchbricht und klettert über die Wände, geht neue Wege und findet schließlich nicht nur neuen Käse, sondern erkennt, wie sie am besten mit Veränderungen umgehen muss. Der Käse ist eine Metapher für das was wir erreichen wollen im Leben und das Labyrinth ist die Familie, die Firma oder die Gesellschaft in der wir leben.

Konstruktiver Ungehorsam heute hat natürlich andere Inhalte als in der unmittelbaren Zeit nach der Schoa. Deshalb ist es für die jüdischen Gemeinden und den Zentralrat von eminenter Bedeutung, einen guten Übergang von der ersten zur zweiten und dritten Generation zu schaffen. An den heutigen Herausforderungen, z. B. der gigantischen Einwanderung von Flüchtlingen aus gescheiterten Staaten mit muslimischer Mehrheitsbevölkerung, zeigt sich, dass es für uns nicht mehr allein um unser Verhältnis als Opfer zur Tätergesellschaft gehen kann, sondern um die Frage, wie unsere innere jüdische Identität in der deutschen Gesellschaft beschaffen ist und wie wir damit die demokratische Kultur in unserer Gesellschaft mitgestalten wollen.

Verständlicherweise rücken wir bei Konflikten zusammen. À la longue stärkt dies jedoch nicht die jüdische Identität. Denn wenn man nachfragt, stellt sich heraus, dass zwar die „eine Stimme" bestätigt wird, aber diese nicht unbedingt den verschiedenen persönlichen Positionen innerhalb des jüdischen Lebens entspricht. Die Kontroversen werden trotzdem geführt oder sind zumindest im Ansatz vorhanden. Es brodelt immer öfter unter der Decke. Entweder werden uns Kontroversen, wie etwa die Beschneidungsdebatte, von außen aufoktroyiert, oder wir selbst haben konfligierende Ansichten, wie etwa bei der Frage des Status von patrilinearen Juden oder von Juden, die einen liberalen Giur gemacht haben. Ohnehin leben wir in einer vielfältigen jüdischen Wirklichkeit und sollten deshalb innerjüdische Auseinandersetzung pluralistisch, selbstbewusst und transparent angehen.

Heute, da wir unter ganz neuen Bedingungen als Juden in Europa leben, sollten wir die jüdische Politik erneut auf den Prüfstand stellen. Es reicht nicht, uns auf die heutige, komfortable Position der jüdischen Gemeinschaft mit den Staatsverträgen und das immer noch vorherrschende, aber stetig abnehmende Schuldgefühl der Deutschen zu verlassen. Vielmehr sollten wir unsere jüdische Identität stärken und mit ihr unsere Selbstsicherheit. Wer sich seiner jüdischen Identität sicher ist, kann sich auch politisch selbstbewusst als Jude einmischen. Das Selbstbewusstsein ist hierzu der Schlüssel. Es befähigt, Politik zu machen und die Gesellschaft mitzugestalten. Das ist Teil jüdischen Bewusstseins. Es zu bewahren und weiterzugeben an unsere Kinder, aber auch an Andere in dieser Gesellschaft – das ist unsere Aufgabe als selbstbewusste Juden, Demokraten und Bürger dieses Landes.

UNGEHORSAM UND RELIGIÖSES SELBSTBEWUSSTSEIN

Nur wer sich seiner eigenen Identität und Position sicher ist, kann konstruktiven Ungehorsam leisten – jenen Ungehorsam, der in den Dialog führt. Und das führt immer auch in die jüdische Beziehung zu Gott und damit in die Weiterentwicklung unserer Tradition. Noch einmal sei auf Hans Erlers *Judentum und Sozialdemokratie – Das antiautoritäre Fundament der SPD* verwiesen: Der Ungehorsam des ersten Menschenpaares habe die Beziehung der Menschen zu Gott von vornherein in eine Dialogstruktur eingebettet. Aus dem Ungehorsam im Paradies folgte die Ablehnung autoritärer Hierarchien und dementsprechend der Auszug aus Ägypten. Zwischen der Befreiung der Israeliten aus dem Sklavenhaus und den Zehn Geboten, die Moses auf dem Berg Sinai erhielt, bestand ein logischer Zusammenhang. Indem die Israeliten die Gebote mitgeteilt bekamen, waren sie neu in die Entscheidungssituation zwischen Gut und Böse gestellt.

Es geht also nicht darum, blind einem vorgegebenen Guten zu folgen, sondern sich mit der Entscheidungssituation zu beschäftigen. An keiner Stelle heißt es in der Tora, dass man sie „glauben" soll, immer wieder aber wird betont, dass man sich mit ihr „beschäftigen" soll. Die Rabbiner haben dafür sogar eine *Bracha*, einen Segen formuliert, der vor dem Torastudium gesagt wird: *Baruch ata Adonai … weziwanu la'assok bediwrej Tora* – „Gesegnet bist Du Ewiger, … der uns aufgetragen hat, uns mit den Worten der Tora zu beschäftigen."

Sich mit den Worten der Tora zu beschäftigen, soll den Menschen in den Stand versetzen, zwischen dem Guten und dem Bösen, das heißt zwischen dem Lebensdienlichen, dem Leben, der Gesundheit und dem Tödlichen, dem das Leben Verneinenden, der Krankheit, zu wählen. Damit ist auch gesellschaftliches Leiden gemeint. Hieraus kann nicht folgen, dass den Gesetzen der Tora blind zu gehorchen ist, vielmehr sie in einer Dialogstruktur zu verstehen sind. Regeln muss es in jeder Gesellschaft geben, aber ihr Sinn ist nicht, dass der biblische Ungehorsam sich nunmehr in bedingungslosen *halachischen* Gehorsam verkehrt. Auch die *Halacha* hat sich in der Dialogstruktur mit Gott entwickelt. Es geht bei der Ausübung von *Mizwot*, religiöser Pflichten, immer um die Beziehung mit Gott. Die *halachischen* Bestimmungen sind, oder waren, deshalb voller Sinnhaftigkeit. Darüber müssen wir aber reden können. Wie interpretieren wir die Regeln heute? Wie können wir sie hinterfragen? Sollten wir vielleicht auch einiges anders und neu verstehen, wie es in der Vergangenheit schon oft geschehen ist? Damit sind wir aber wieder beim Ungehorsam.

Indem die Gesetze in der Dialogstruktur mit Gott analysiert werden, erscheint auch die Remedie für manches unnötige Leid auf. Gott sagt von sich in der Tora: „Ich bin der Ewige, dein Arzt, und werde dir keine der Krankheiten schicken, die ich den Ägyptern geschickt habe." Er will den Dialog. Er will, dass wir ihm widersprechen. Nur so kommt es zu Lösungen.

Aber der Dialog muss immer wieder neu gestaltet werden. Er wird dadurch immer auch das Quentchen Ungehorsam enthalten müssen, um die Sinnhaftigkeit dieser oder jener Regel im heutigen Kontext erhellen oder hinterfragen zu können. Diese Einstellung vermisse ich zu oft im heutigen jüdischen Leben. Sie ist aber Voraussetzung für unsere Heilung – für den *Tikkun* unserer jüdischen Identität – und den damit verbundenen *Tikkun Olam*.

AUSBLICK

Aus unterschiedlichen Gründen kommen Hannes Stein und Stephan J. Kramer zu dem Ergebnis, dass das politische Potential der jüdischen Tradition zwar vorhanden, aber nicht ausreichend zum Tragen kommt. Stein, der den Fokus auf die politische Dimension des „Bundes" legt, sieht das Problem in der politischen Einstellung der meisten Europäer, die immer noch vorwiegend auf ihren eigenen Staat fixiert seien. Kramer wiederum sieht das Problem bei einer zu defensiven Haltung unter den hier lebenden Juden.

Beides steht in einem inneren Zusammenhang. In Judaism in *Modern Times* (1995) hat der amerikanische Religionswissenschaftler und Judaist, Jacob Neusner, festgestellt, dass gemessen an den im 19. und frühen 20. Jahrhundert entstandenen „Judentümern" – das sind die verschiedenen religiösen Richtungen vom Reformjudentum bis zur Orthodoxie, aber auch die großen säkular-jüdischen Bewegungen wie der Zionismus und der jiddische Sozialismus – kein inhaltlich neues Judentum nach der Schoa mehr entstanden sei. Das war natürlich die Folge der politischen Katastrophen des 20. Jahrhunderts. Neusners Betrachtung enthält jedoch einen aufschlussreichen Gesichtspunkt. Inhaltlich gesehen habe sich Judentum in der Moderne stets in der Verbindung mit etwas „Anderem" – das heißt im Zusammenspiel mit den neuen Denkrichtungen und der Kultur des jeweiligen Landes – entwickelt. Nach der Schoa war das in Deutschland und Europa nicht mehr möglich. Das lag jedoch nicht nur an der geringen Zahl von Überlebenden, die das Judentum als *quantité négligeable* erscheinen ließ. Es lag genauso am Fehlen von entsprechenden „Anderen", mit denen zusammen sich das Judentum hätte weiter entwickeln können.

Das Nachkriegseuropa vermochte inhaltlich nicht zu inspirieren. Diese Situation war aber nicht nur auf Europa beschränkt, wie Neusner bemerkt. Auch in den USA nahm die innerjüdische Auseinandersetzung sukzessive ab und wurden das Bewusstsein der Schoa und die sich daran anschließende Gründung des Staates Israel zum hauptsächlichen Paradigma jüdisch-politischen Selbstverständnisses.

Heute fordern jedoch neue „Andere" zu jüdischen Reflektionen in Europa heraus. Bereits nach dem Fall der Berliner Mauer haben jüdische Denker wie etwa die französische Soziologin Diana Pinto über die Herausbildung eines europäischen Judentums nachgedacht. Wesentlich für diese Vision war die Existenz einer neuen, demokratisch und pluralistisch eingestellten Generation. Pinto sah mit dem europäischen Integrationsprozess zugleich neue inhaltliche Herausforderungen für die hier lebenden Juden gegeben. Zwar war die Entwicklung vom fortgesetzten Nahostkonflikt und antisemitischen Anschlägen überschattet. Trotzdem hat Pinto, angesichts der Flüchtlingsströme aus arabischen Ländern, ihre Einstellung unlängst bekräftigt.

Tatsächlich sind die meisten der hier lebenden Juden selbstbewusste Europäer. Unabhängig von nationalistischen Rollbacks wie in Ungarn, Polen und möglicherweise auch Frankreich, sind sie Repräsentanten einer europäisch-demokratischen Kultur – das heißt in dieser Hinsicht keine Minderheit. Ob sich die zahlenmäßig trotzdem immer noch sehr kleine jüdische Gemeinschaft unbedingt als Demokratie-Lehrer für die ankommenden Araber verstehen muss, sei dahin gestellt. Aber die Vorstellung, dass das jüdische Selbstbewusstsein die demokratiebegründenden Elemente der jüdischen Tradition hervorhebt, ist eine aussichtsreiche! Eine mit den Anderen geteilte allgemeine politische Kultur, die den jüdischen Anteil der demokratischen Tradition selbstbewusst benennt, dürfte in jedem Fall bürgerschaftliches politisches Engagement unter Juden stärken und zur fortgesetzten Auseinandersetzung mit den Inhalten der politischen Tradition des Judentums motivieren. Darüber hinaus würde ein Demokratieverständnis, das um den jüdischen Anteil darin weiß, den Bürgern dieses Landes ebenso wie den Flüchtlingen aus Diktaturen einen wichtigen Baustein politischer Bildung bieten.

E. K.

DER JÜDISCHE KANON UND SEINE BEGRIFFE

Die jüdisch-religiöse Tradition steht auf dem Boden der Hebräischen Bibel und des rabbinischen Schrifttums zusammen.

Basis ist die „Tora“ = die Fünf Bücher Mose, auch der Pentateuch.

Die Tora bildet zusammen mit den Prophetenbüchern und Hagiographen die „Hebräische Bibel“, auch „Jüdische Bibel“, „Altes Testament“ oder „Tanach“ genannt. Die Hebräische Bibel umfasst die historische Zeit bis zum 5. Jahrhundert v. d. Z..

Auf die biblische Ära folgte die Zeit der Schriftgelehrten, aus der das „rabbinische Schrifttum“ hervorging. Seine Verfasser werden „Rabbinen“ genannt. Im 2. Jahrhundert n. d. Z. schrieb Jehuda ha-Nassi, das Oberhaupt der damaligen Rabbinen, die „Mischna“ auf.

Die „Mischna“ ist die „mündliche Tora“ gegenüber dem Pentateuch, der nunmehr als „schriftliche Tora“ bezeichnet wird. Die Mischna besteht aus sechs Ordnungen mit Gesetzen.

Über die Gesetze diskutierten die Rabbinen in der „Gemara“, der Kommentierung zur Mischna, und entwickelten daraus die „Halacha“ = die vorgeschriebene jüdische Praxis. Die einzelnen Gebote heißen auch „Mizwot“ (sing. „Mizwa“).

„Mischna“ und „Gemara“ bilden zusammen den „Talmud“. Im Land Israel wurde im 4. Jahrhundert der „Jerusalemer Talmud“ (Jeruschalmi) fertiggestellt und in Babylonien im 6. Jahrhundert der sehr viel umfangreichere und bis heute autoritative „Babylonische Talmud“ (Bawli).

Ebenfalls aus der Epoche des rabbinischen Schrifttums stammen die „Midraschim“ (sing. „Midrasch“). Sie sind exegetische Auslegungen der Bibel und wurden von den Rabbinen parallel zur Mischna und Gemara verfasst.

In den nachfolgenden Jahrhunderten entwickelte sich die jüdisch-religiöse Tradition am Zusammenhang von Tora und Talmud weiter. Daraus entstanden Gesetzeskodexe wie der „Mischne Tora“ von Maimonides im 12. Jahrhundert oder der „Schulchan Aruch“ von Josef Karo im 16. Jahrhundert sowie eine gigantische Responsenliteratur.

Reihe

MACHLOKET | STREITSCHRIFTEN

Herausgegeben von Elisa Klapheck

Band 1

Elisa Klapheck, Ruth Calderon

SÄKULARES JUDENTUM AUS RELIGIÖSER QUELLE

ISBN 978-3-95565-084-1

Band 3

Elisa Klapheck, Abraham de Wolf, Karl-Hermann Blickle

JÜDISCHE WIRTSCHAFTS- UND SOZIALETHIK IN ZEITEN DER GLOBALISIERUNG

ISBN 978-3-95565-084-1

Reihe

INJANIM | KERNFRAGEN

Herausgegeben von Elisa Klapheck

Band 1

JÜDISCHE POSITIONEN ZUR STERBEHILFE

ISBN 978-3-95565-140-4

Mit diesem Band der neuen Reihe INJANIM | KERNFRAGEN wird die erste größere deutschsprachige Publikation zum Thema Sterbehilfe im Judentum vorgelegt. Rabbiner und Experten nehmen Stellung zu passiver und aktiver Sterbehilfe, assistiertem Suizid, palliativ-medizinischen Erwägungen und der aktuellen Gesetzesregelung. Im Zentrum stehen zugleich jüdisch-religiöse und halachische Positionen über die Menschenwürde des Sterbenden, den Moment des Todes, die Bedeutung des Sterbens und die Entscheidungsnöte der Angehörigen.

Mit Beiträgen von Leo Latasch, Stephan M. Probst, Rabbinerin Elisa Klapheck, Rabbiner Tom Kučera, Abraham de Wolf, Kurt Schmidt

Elisa Klapheck

MARGARETE SUSMAN UND IHR JÜDISCHER BEITRAG ZUR POLITISCHEN PHILOSOPHIE

Margarete Susman (1872–1966) gehört zu den großen Vordenkern der jüdischen Renaissance im frühen 20. Jahrhundert. Ihre Auseinandersetzung mit dem Judentum richtet sich vor allem auch auf die Bedeutung, die Religion für die Politik haben kann.
Die Rabbinerin Elisa Klapheck bietet mit diesem Buch eine erstmalige, umfassende Auseinandersetzung mit dem Gesamtwerk Susmans. Dabei zeichnet sie die geistige Biographie einer zu Unrecht vergessenen religiösen Denkerin und Philosophin nach, die in einer Reihe mit ihren Freunden Georg Simmel, Martin Buber, Gustav Landauer, Ernst Bloch, Franz Rosenzweig oder Paul Celan zu nennen ist. Susmans Gedanken zur geistigen Bedeutung des Judentums für Europa, über die Revolution, die Frauenemanzipation, das Verhältnis von Religion und Staat und nicht zuletzt über die Beziehung zwischen Judentum und Christentum enthalten wichtige Anstöße für aktuelle Diskussionen.

ISBN 978-3-95565-036-0

Bet Debora Journal

FRAUENPERSPEKTIVEN IM JUDENTUM

Bet Debora Journal I

GENERATIONEN/GENERATIONS

ISBN 978-3-95565-049-0

Bet Debora Journal II

TIKKUN OLAM - DER BEITRAG JÜDISCHER FRAUEN ZU EINER BESSEREN WELT

ISBN 978-3-95565-066-7

Bet Debora Journal III

FRAUENPOLITIK FÜR EIN MODERNES JUDENTUM/ ENGENDERING JEWISH POLITICS

ISBN 978-3-95565-131-2

MIX
Papier aus verantwortungsvollen Quellen
FSC® C004378

IMPRESSUM

MACHLOKET | STREITSCHRIFTEN · Band 2

Redaktioneller Beirat:
Prof. Dr. Liliana Ruth Feierstein, Abraham de Wolf, Dr. Stefana Sabin, Roberto Fabian, Rochelle Allebes, Prof. Dr. Birgit Klein

Herausgeberin: Rabbinerin Dr. Elisa Klapheck

Die Deutsche Nationalbibliothek verzeichnet diese Publikation in der Deutschen Nationalbibliografie; detaillierte Daten sind im Internet über https://portal.dnb.de/ abrufbar.

Diese Veröffentlichung stellt keine Meinungsäußerung des Hentrich & Hentrich Verlags Berlin dar. Für die inhaltlichen Aussagen trägt die Herausgeberin die Verantwortung.

Inh. Dr. Nora Pester
Wilhelmstraße 118, 10963 Berlin
info@hentrichhentrich.de
http://www.hentrichhentrich.de

Lektorat: Jörn Bohlmann

Gestaltung: KERSTIN CONRADI · Mediengestaltung Print- und Digitalmedien, Berlin

1. Auflage 2016

Printed in the E.U.
ISBN 978-3-95565-107-7